Wüstenrot Stiftung (Hrsg.)
Kinder- und Familienfreundlichkeit
deutscher Städte und Gemeinden

D1702332

Wüstenrot Stiftung (Hrsg.)

Kinder- und Familienfreundlichkeit deutscher Städte und Gemeinden

empirica – Forschung und Beratung

Dr. Marie-Therese Krings-Heckemeier
Ulrich Pfeiffer

Wüstenrot Stiftung
Ludwigsburg

Impressum:

Ein Forschungsprojekt der Wüstenrot Stiftung
Hohenzollernstraße 45, 71630 Ludwigsburg
Tel. +49-71 41-16-47 77
Fax +49-71 41-16-39 00
info@wuestenrot-stiftung.de
http://www.wuestenrot-stiftung.de

Auftragnehmer:
Telefonische Befragung (CATI): **USUMA** GmbH, Berlin
Fallstudien, vertiefende Analysen, Bericht:
empirica – Forschung und Beratung, Berlin
Ansprechpartner empirica:
Dr. Marie-Therese Krings-Heckemeier
Ulrich Pfeiffer
Dr. Reiner Braun
Katrin Kleinhans
Markus Schmidt

Redaktion: Dr. Stefan Krämer, Wüstenrot Stiftung
Grafik-Design: Klaus Dürrstein, Stuttgart
Druck und Bindung: Offizin Chr. Scheufele, Stuttgart

INHALT

Vorwort der Wüstenrot Stiftung

Die Wüstenrot Stiftung hat in den vergangenen Jahren in mehreren ihrer Projekte die wachsende Bedeutung einer kinderfreundlicheren Gestaltung der Städte und Gemeinden in Deutschland aufgegriffen. Die Ergebnisse in diesen Projekten haben gezeigt, dass in vielen Städten unterschiedliche Ansätze gewählt werden, um Gebäude, Infrastruktur und Betreuungs- wie Dienstleistungsangebote besser und zielgenauer auf die Bedürfnisse von Kindern und Jugendlichen auszurichten. Nicht zu übersehen ist dabei, dass in vielen Kommunen die finanziellen Rahmenbedingungen bei der Gestaltung familienfreundlicher Städte eine wichtige Rolle spielen. Es gibt aber auch zahlreiche Beispiele, die zeigen, dass es mit Hilfe neuer Ansätze und innovativer Strategien bei der Entwicklung von auf dieses Ziel ausgerichteten Handlungskonzepten durchaus möglich ist, vorhandene Engpässe im finanziellen wie auch im infrastrukturellen Bereich zu kompensieren.

Solche Beispiele und die von ihnen ausgehenden Impulse sind dringend notwendig, denn ohne Kinder sind unsere Städte und Gemeinden nicht mehr für die Zukunft gerüstet. Zu dieser Erkenntnis und zu dem daraus ableitbaren Handlungsbedarf gibt es einen breiten Konsens in unserer Gesellschaft. Dennoch wurde in den vergangenen Jahrzehnten offensichtlich zu wenig getan, um die Städte und Gemeinden in Deutschland tatsächlich und wirkungsvoll kinder- und familienfreundlich zu gestalten. Die Lebens- und die Wohn-qualität für Kinder und für Familien ging stattdessen in vielen Städten zurück und eine über Jahrzehnte anhaltende Abwanderung in das Umland der Städte war die Folge.

Angesichts der Auswirkungen eines umfassenden demografischen Wandels hat in Deutschland in den letzten Jahren ein Umdenkungsprozess begonnen. Immer mehr Städte entdecken Familien und ihre Kinder als wichtige Bevölkerungsgruppe, die an städtischen Wohnorten gehalten werden soll. Nach Jahrzehnten des passiven Bedau-erns über ihre Abwanderung werden die Familien wieder zu einer aktiv von den Städten umworbenen Zielgruppe. Neue Angebote und Konzepte entstehen und die Verant-wortlichen in mehr als einer Stadt erklären das Ziel, zur kinderfreundlichsten Stadt in Deutschland werden zu wollen. An Initiativen mangelt es nicht, die Programme sind viel-fältig und ehrgeizig.

Jedoch, was sind eigentlich die wichtigsten Schritte auf dem Weg zu mehr Kinder- und Familienfreundlichkeit? Welche Konzepte sind notwendig, welche sind erfolgreich? Was halten die Familien selbst für kinder- und familienfreundlich an ihrer Stadt, an ihrem Wohnort? Was ist ihnen wirklich wichtig und wie bewerten sie eigentlich die Maß-nahmen, die in den Aktionsprogrammen der Städte ergriffen werden?

Auf diese und weitere Fragen versucht die nun vorliegende Studie der Wüstenrot Stiftung **Kinder- und Familienfreundlichkeit deutscher Städte und Gemeinden** profunde Ant-worten zu geben. Das Besondere an dieser Studie ist, dass sie im Unterschied zu vielen anderen aktuellen Veröffentlichungen, die eher auf ein Ranking der Städte und Gemeinden zielen, die wichtigsten Kriterien und Konzepte für mehr Kinder- und Familienfreundlichkeit in der Beurteilung der Familien in den Mittelpunkt stellt.

Basis der Studie der Wüstenrot Stiftung ist eine bundesweite, repräsentative Befragung von mehr als 3 000 Haushalten mit Kindern, die in Zusammenarbeit mit dem IKO-Netz Vergleichsring ›Familienfreundliche Stadt‹ der Kommunalen Gemeinschaftsstelle KGSt entstanden ist. Diese repräsentative Befragung wurde in einem mehrstufigen Unter-suchungsdesign ergänzt durch zusätzliche Auswertungen der Bevölkerungsstatistik und des Mikrozensus sowie durch eine ganze Reihe von ausführlichen Fallstudien mit ver-schiedenen Familientypen in unterschiedlichen Siedlungsstrukturen.

Die Wüstenrot Stiftung dankt dem Institut empirica – Forschung und Beratung unter Leitung von Dr. Marie-Terese Krings-Heckemeier und Ulrich Pfeiffer für die sorgfältige Analyse der Ergebnisse, den substanziellen Bericht aus allen Bausteinen des Untersuchungsdesigns und das Engagement, mit dem sie als ›Anwälte‹ der Familien in Deutschland deren Bedürfnisse vertreten. Die repräsentative Befragung wurde von der USUMA GmbH unter Leitung von Rainer Schwarz durchgeführt, wofür die Wüstenrot Stiftung ebenfalls danken möchte. Nicht zuletzt gebührt der Dank für die gute Kooperation mit dem IKO-Netz Vergleichsring ›Familienfreundliche Stadt‹ den Vertretern der daran beteiligten Kommunen und Thomas Wick, dem Leiter des Vergleichsringes bei der KGSt.

Die Analyse aller Ergebnisse aus der Studie führt zu einer Bandbreite an Handlungsempfehlungen für die Kommunen, durch die vor allem aus Sicht der Familien die Familien- und Kinderfreundlichkeit deutscher Städte verbessert werden kann. Die Wüstenrot Stiftung hofft, dass sie durch ihre Untersuchung möglichst viele Impulse für die Bewältigung dieser Herausforderung beisteuern kann.

11

Kinder- und Familienfreundlichkeit deutscher Städte und Gemeinden – eine Untersuchung der Wüstenrot Stiftung

Stefan Krämer, Wüstenrot Stiftung

Kinder- und Familienfreundlichkeit ist aktuell (wieder) ein Thema, das bundesweite Popularität genießt, und dies nicht nur in den Medien, sondern auch in der politischen Verantwortung von Bund, Ländern und Kommunen. Obwohl Bund und Länder grundsätzlich eher für die allgemeinen Rahmenbedingungen der Kinder- und Familienfreundlichkeit verantwortlich zeichnen, fokussieren eine ganze Reihe ihrer Initiativen auch die Kinder- und Familienfreundlichkeit auf der Ebene der Städte und Gemeinden.[1] Diese Initiativen treffen inzwischen in einer Art von ›Hase und Igel‹-Wettlauf in einer wachsenden Zahl von Städten auf neue Konzepte und Strategien für mehr Kinder- und Familienfreundlichkeit, die auf eigenständige, kommunalpolitische Zielsetzungen zurückgehen.

Einen ersten Anstoß für eine intensivere Beschäftigung mit diesem Thema auf kommunaler Ebene haben die Ergebnisse einer Vergleichsstudie zur Kinderfreundlichkeit der 83 Städte in Deutschland mit mehr als 100 000 Einwohnern gegeben, die in Form eines Ranking-Verfahrens im Jahre 2004 veröffentlicht wurden.[2]

Aufgerüttelt durch diese Ergebnisse wurden vor allem in einigen Städten, die in diesem Ranking schlechter als erwartet abgeschnitten hatten, neue Zielvorgaben entwickelt. Aber auch über diese von außen angestoßenen Reaktionen hinaus sind in den letzten Jahren in zahlreichen Städten neue Initiativen und Maßnahmen entstanden, mit deren Hilfe die Standortqualitäten für die Bevölkerung und für ansässige Unternehmen durch ein höheres Maß an Kinder- und Familienfreundlichkeit verbessert werden sollen. Einige dieser Städte streben dabei sogar ganz gezielt die pole position an, d. h. den prestige-trächtigen Platz als kinder- und familienfreundlichste Stadt in Deutschland.[3]

Auffällig ist auch, dass es eine Reihe von Städten gibt, in denen die Verbesserung der Kinder- und Familienfreundlichkeit zur ›Chefsache‹ aufgestiegen ist und damit als wichtiges Thema in der kommunalpolitischen Positionierung des jeweiligen Oberbürger-meisters verankert wurde. Im Regelfall sind dies zugleich die Städte, in denen nach den bisherigen Erkenntnissen die damit verbundenen Anstrengungen auch am erfolgreich-sten sind, weil es ihnen mit Hilfe der Rückendeckung der politischen Spitze gelingt, die der Kommunalverwaltung zur Verfügung stehenden Ressourcen die Ressorts über-greifend zu bündeln und auf das strategische Ziel zu konzentrieren.

Angesichts dieser Entwicklungen stellt sich die Frage, welche Gründe es für die neue Popularität eines Themas gibt, das noch vor einigen Jahren bestenfalls als untergeord-nete Aufgabe der Stadtplanung, allgemein aber eher als fest gefügter Standortvorteil der kleineren Gemeinden und ihrer Neubaugebiete im Umland der Städte betrachtet wurde.

STANDORTFAKTOR KINDER- UND FAMILIENFREUNDLICHKEIT

Die erste Antwort lautet selbstverständlich: Am demografischen Wandel und an sei-nen immer deutlicher absehbaren Auswirkungen auf die Mehrzahl der Kommunen in Deutschland. Der demografische Wandel ist innerhalb weniger Jahre zunächst auf bundespolitischer Ebene zu einem wichtigen Thema geworden. Dies war vor allem den unübersehbaren Auswirkungen auf die sozialen Sicherungssysteme geschuldet, für die sich ein erheblicher Reformbedarf entwickelt hat, soll ihnen auch in Zukunft ihre bishe-rige Leistungsfähigkeit erhalten bleiben. Flankierend zu den direkt auf die Sozialsysteme ausgerichteten Reformstrategien ist es aus Sicht der Mehrzahl der Verantwortlichen in Politik, Wissenschaft und Gesellschaft zugleich erforderlich, zusätzlich alle bestehenden

Möglichkeiten auszuschöpfen, mit deren Hilfe die Zahl der Kinder in Deutschland wieder erhöht werden könnte. Als wichtigen Ansatzpunkt für dieses Ziel wird betrachtet, dass Deutschland in vielerlei Hinsicht (wieder) kinderfreundlicher werden muss. Diese Zielsetzung wird in letzter Zeit immer stärker auf die Ebene der Städte und Gemeinden herunter gebrochen. Von vielen Stellen wird gefordert, die Städte und Gemeinden müssten ihren Anteil an den erforderlichen Anstrengungen leisten und hierfür vor allem ihre Kinder- und Familienfreundlichkeit als Wohnstandort und als Arbeitsstätte verbessern.

Zusätzlich zu dieser allgemeinen Diskussion gibt es inzwischen aber auch ein vermehrtes eigenständiges Interesse in vielen Städten und Gemeinden, ihre Attraktivität für Familien mit Kindern zu erhöhen. Die wachsende Bedeutung der Familienfreundlichkeit für die zukünftige Entwicklung wird inzwischen auf vielen Ebenen erkannt:

- Familienfreundlichkeit wird ein immer wichtigerer Standortfaktor im zunehmenden Wettbewerb der Kommunen und der Regionen um die Ansiedelung von Unternehmen und von hochqualifizierten Arbeitskräften.

- Familienfreundlichkeit stärkt die kommunalen Steuereinnahmen[4] und trägt dazu bei, die Auslastung der vorhandenen Infrastruktur zu erhalten. Die Leistungsfähigkeit und die Bandbreite dieser Infrastruktur wurden in den vergangenen Jahrzehnten oftmals auf der Grundlage von Wachstumskonzepten geplant und geschaffen, in denen noch eine anhaltende Expansion erwartet wurde.

- Familienfreundlichkeit unterstützt durch einen höheren Anteil jüngerer Generationen die Sicherung der zukünftigen Innovationsdynamik und der wirtschaftlichen Wettbewerbsfähigkeit von Regionen. So ist nach einer Untersuchung des Deutschen Institutes für Wirtschaft vor allem die Generation der 35 – 45 Jährigen einer der wichtigsten Träger von Innovationen (und Patenten). Ihr Anteil an der Bevölkerung wird in den kommenden Jahrzehnten demografisch bedingt sehr stark abnehmen. Ähnlich wirkt sich der demografische Wandel auf die so genannte Hochqualifiziertenquote aus, worunter der Anteil der Hochschul- und der Meisterabschlüsse eines Jahrgangs verstanden wird. Ohne Zuwanderung muss diese Quote bis zum Jahr 2050 nahezu verdoppelt werden, um das heutige Angebot an hoch qualifizierten Arbeitskräften zu erhalten.[5]

- Familienfreundlichkeit führt zur nachhaltigen Sicherung der Kaufkraft durch eine günstigere Bevölkerungsentwicklung; Haushalte mit Kindern gehören nach wie vor zu den konsumstärksten Haushalten, die durch ihre Nachfrage vor allem auch zum Erhalt wohnortnaher Versorgungsangebote beitragen. Von dieser Stärkung kleinräumiger Strukturen profitieren alle Bevölkerungsgruppen.

- Familienfreundlichkeit hilft Kommunen auf vielfältige Weise bei der Bewältigung der unterschiedlichen Folgen des wirtschaftlichen Strukturwandels.

Anders formuliert und zusammengefasst, bedeutet dies, dass eine verbesserte Kinder- und Familienfreundlichkeit durch die Stärkung und Bindung von Familien maßgeblich zur Stabilisierung von Gemeinden, Stadtteilen und Stadtgesellschaften beiträgt und dass ein gutes und lebenswertes Umfeld für Familien sich insgesamt positiv auf die Zukunftsfähigkeit der Regionen auswirken kann.

WACHSENDER WETTBEWERB DER STÄDTE UND GEMEINDEN

Ein Ergebnis dieser Erkenntnis und der zunehmenden Suche nach Handlungsmöglichkeiten als Antworten auf die zukünftigen Auswirkungen des demografischen Wandels ist nun, dass aktuell tatsächlich zwischen einer ganzen Reihe von Kommunen und Regionen ein Wettbewerb um mehr Kinderfreundlichkeit entstanden ist. Die Bandbreite der dafür entwickelten Konzepte reicht von der Überwindung vorhandener Defizite und dem Ausbau von Stärken im eigenen Infrastrukturangebot bis zu direkten finanziellen Unterstützungsangeboten für Familien mit Kindern. Genannt werden können in diesem Zusammenhang der so genannte Kinderbauland-Bonus der Stadt Hannover als ein bereits vor Jahren eingeführtes Beispiel und die als ›Familienziel Kaufbeuren‹ zusammengefassten finanziellen Anreize für Familien im Falle einer Wohnortentscheidung für Kaufbeuren,[6] die aktuell auch in den Medien eine breite Resonanz hervorgerufen haben.

Unterschieden werden kann bei diesen Maßnahmen, ob sie eher auf die Stärkung der eigenen Position in der Konkurrenz zwischen Städten und ihrem Umland zielen, oder ob es sich um eine Reaktion auf den wachsenden interregionalen bzw. internationalen Wettbewerb handelt. In allen Fällen wird jedoch deutlich, dass es sich bei derartigen Entscheidungen in erster Linie um Zukunftsinvestitionen handelt, die auf der Basis klarer wirtschaftlicher Argumente getroffen werden. Im eigentlichen Sinne wird nicht in das emotionale Wohlbefinden von Familien investiert oder in den Versuch, die im Alltag verkehrsoptimierter und funktionsgetrennter Städte verschwundene Präsenz und Fröhlichkeit von Kindern zurück zu gewinnen. Im Vordergrund steht nicht Kinder- und Familienfreundlichkeit als Wert an sich oder als normative Orientierung einer Gesellschaft, sondern es handelt sich um wohlüberlegte, rationale Investitionen in die demografischen und damit vor allem wirtschaftlichen Zukunftsperspektiven der Städte und Gemeinden.

Vor diesem Hintergrund und angesichts der gewachsenen Bedeutung des Themas und der allgemeinen politischen Hinwendung ist es sowohl populär als auch legitim, die Kinder- und Familienfreundlichkeit von Städten und Regionen miteinander zu vergleichen. Vor allem die Medien lieben dabei auf klare Ergebnisse ausgerichtete Ranking-Verfahren, die eindeutige Gewinner und Verlierer sowie eindeutige, weil einfache Botschaften liefern. Angestrebt werden in solchen Verfahren nicht die Analyse komplexer Fragestellungen oder die Unterstützung der Städte und Gemeinden bei der Umsetzung der Zielvorgabe von mehr Familien- und Kinderfreundlichkeit, sondern die Identifizierung von Gewinnern und Verlierern.

Trotz dieser Beliebtheit der Ranking-Verfahren muss allen Beteiligten, die an solchen Studien mitwirken, klar sein, dass die Kinder- und Familienfreundlichkeit von Städten und Gemeinden vor allem bei näherer Betrachtung ein weit gefasstes, komplexes Thema ist. Dies macht es auch so schwierig, zielsichere Handlungsoptionen zu entwickeln, denn viele der unterschiedlichen, gleichermaßen zu berücksichtigenden Facetten können bei ihrer Verwirklichung leicht in Widerspruch zueinander geraten.

DER FAMILIENATLAS 2007

Der Familienatlas 2007 ist eine Studie, die kein einfaches und schon gar kein eindimensionales Ranking liefern wollte. Er bildet deshalb ein gutes Beispiel für die Darstellung der Komplexität der Fragestellung, mit welchen Kriterien man eigentlich Kinder- und Familienfreundlichkeit überhaupt messen kann. Erarbeitet wurde der Familienatlas 2007 von der Prognos AG im Auftrag des Bundesministeriums für Familie, Senioren, Frauen und Jugend sowie des Deutschen Industrie- und Handelskammertages.[7]

17

Das ambitionierte Ziel für den Familienatlas 2007 war eine integrierte Gesamtbewertung der Familienfreundlichkeit aller 439 Land- und Stadtkreise in Deutschland. Als Grundlage dienten öffentlich zugängliche Daten aus der amtlichen Statistik, die für alle Kreise in einer vergleichbaren Form (Definition, Zeitpunkt) erhoben werden können.

Für die Bewertung der Familienfreundlichkeit wurden vier Handlungsfelder unterschieden. Pro Handlungsfeld wurden mehrere bundesweit verfügbare Indikatoren ausgewählt und zu einem Index zusammengefasst. Für das Ranking innerhalb der Handlungsfelder wurden die Indikatorenwerte in eine Rangfolge von 1 bis 439 gebracht und aus dem arithmetischen Mittel ein Index-Wert errechnet. Bis auf Ausnahmen wurden die Indikatoren gleich gewichtet.[8]

Die vier Handlungsfelder und die ihnen zugeordneten Indikatoren waren:

1. **Die Vereinbarkeit von Familie und Beruf.**
   Kriterien (Indikatoren) für dieses Handlungsfeld waren die Chancengleichheit von Männern und Frauen am Arbeitsmarkt (erhoben durch das Verhältnis der Erwerbsquoten von Frauen und Männern), die Betreuungsquote der unter dreijährigen Kinder und die Ganztagsbetreuungsquote im Kindergartenalter.

2. **Die Wohnsituation und das Wohnumfeld.**

   Kriterien (Indikatoren) für dieses Handlungsfeld waren die Erschwinglichkeit von Wohneigentum (erhoben über die Relation von regionaler Kaufkraft und regionalen Baulandpreisen), die Entfernung zu Mittelzentren, die vorhandene Frei- und Erholungsfläche je Einwohner, der Anteil an Familienwohnungen (Anteil der Wohnungen mit mehr als drei Räumen am Wohnungsbestand), der Anteil verunglückter Kinder unter 15 Jahren im Straßenverkehr (gewichtet 0,5), die Kriminalitätsrate bei Körperverletzungen und Einbrüchen (gewichtet 0,5) und die Kinderarztdichte (gewichtet 0,5).

3. **Die Situation bei Bildung und Ausbildung.**
   Kriterien (Indikatoren) für dieses Handlungsfeld waren das quantitative Verhältnis von Schülern und Lehrern, die durchschnittliche Klassengröße in der Primarstufe, die durchschnittliche Klassengröße in der Sekundarstufe I, die erteilten Unterrichtsstunden je Schüler und die Ausbildungsplatzdichte (gewichtet 2,0).

4. Die Freizeitangebote für Kinder und Jugendliche.
   Kriterien (Indikatoren) für dieses Handlungsfeld waren die Zahl der Betreuungs-
   personen in der Jugendarbeit, die Kinder- und Jugendpartizipation in Sportver-
   einen, der Anteil der Musikschüler an der gleichaltrigen Wohnbevölkerung, die
   Intensität der Nutzung öffentlicher Bibliotheken pro Einwohner und das regionale
   Kino-Angebot.

Zusätzlich zu den Handlungsfeldern wurden noch die regionalen Ausprägungen von
zwei Rahmenbedingungen erhoben: Die wirtschaftliche und die demografische Entwicklung bzw. Situation.

Kriterien für die Bewertung der wirtschaftlichen Rahmenbedingungen einer Stadt
oder Region waren Indikatoren zur Beschäftigungssituation und zum Arbeitsmarkt wie
die Höhe der Arbeitslosenquote, die Höhe der Jugendarbeitslosenquote, das Beschäfti-
gungswachstum in den Jahren 2001 bis 2006 sowie der Anteil der Beschäftigten in insgesamt elf so genannten Zukunftsbranchen.[9]

Die Bewertung der demografischen Rahmenbedingungen einer Stadt oder Region in
Bezug auf die Altersstruktur und die Geburtenzahlen wurde über folgende Kriterien ermittelt: Den Anteil der Kinder und Jugendlichen an der regionalen Gesamtbevölkerung,
die Veränderung des Bevölkerungsanteils von Kindern und Jugendlichen in den Jahren
2000 bis 2005 (gewichtet 0,25), die Familienwanderungen, die Veränderung der Familienwanderungen in den Jahren 2000 bis 2005 (gewichtet 0,25), die Fertilitätsrate und
die Veränderung der Fertilitätsrate in den Jahren 2000 bis 2005 (gewichtet 0,25).[10]

Aus den vier Handlungsfeldern und aus den beiden Rahmenbedingungen wurden für
die Bewertung der Familienfreundlichkeit je eine Dimension mit jeweils drei Ausprägungen entwickelt. Aus diesen beiden Dimensionen zusammen entstand dann eine
Matrix aus neun Bewertungsfeldern (Regionengruppen), die als Grundlage für die
Einstufungen der Kinder- und Familienfreundlichkeit im Familienatlas 2007 dient. *Abbildung 1* zeigt die aus diesen neun Bewertungsfeldern resultierende Karte aller 439
Land- und Stadtkreise in Deutschland. Außerdem wurden noch die 40 Großstädte mit
der höchsten Einwohnerzahl in einem Überblick bewertet *(Abbildung 2)*.

19

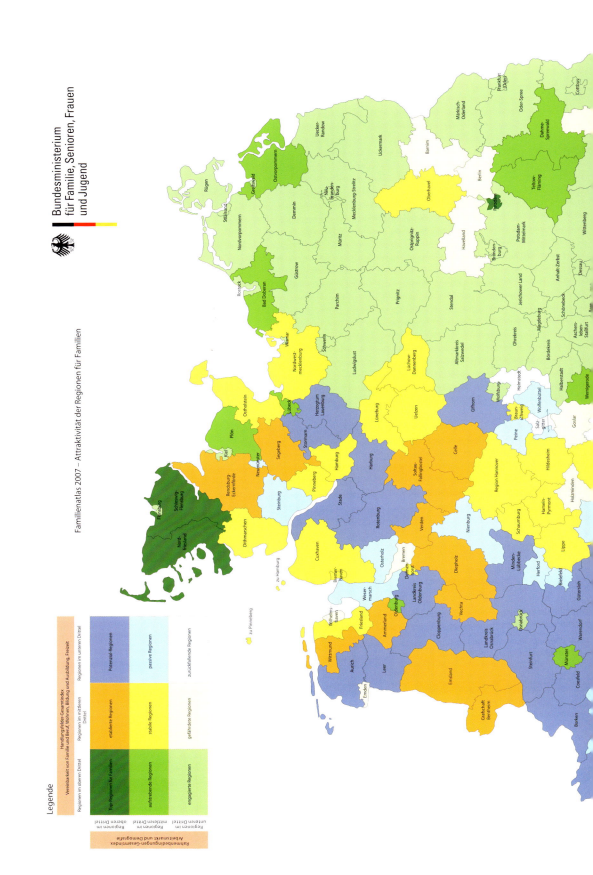

Familienatlas 2007 – Attraktivität der Regionen für Familien

Bundesministerium
für Familie, Senioren, Frauen
und Jugend

Legende

Handlungsfelder-Gesamtindex
Vereinbarkeit von Familie und Beruf, Wohnen, Bildung und Ausbildung, Freizeit

	Regionen im oberen Drittel	Regionen im mittleren Drittel	Regionen im unteren Drittel
Regionen im oberen Drittel	Top-Regionen für Familien	etablierte Regionen	Potenzial-Regionen
Regionen im mittleren Drittel	aufstrebende Regionen	stabile Regionen	passive Regionen
Regionen im unteren Drittel	engagierte Regionen	gefährdete Regionen	zurückfallende Regionen

Rahmenbedingungen-Gesamtindex
Arbeitsmarkt und Demografie

ABB. 1 | FAMILIENATLAS 2007 – ATTRAKTIVITÄT DER REGIONEN FÜR FAMIL EN

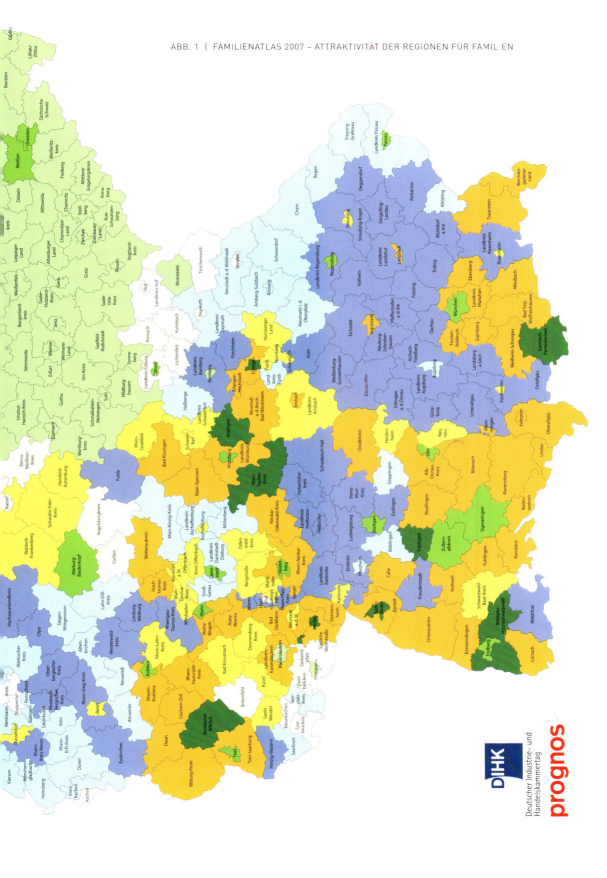

Solche Verfahren wie der Familienatlas 2007 sind als qualifizierter Vergleich ohne Zweifel sinnvoll. Besonders für solche Städte, die erst am Anfang ihrer Strategiebildung stehen, können sie einen wichtigen Baustein bilden für die Identifikation der wichtigsten Handlungserfordernisse – zumindest wenn sie so solide und differenziert entstehen wie der neue Familienatlas. Trotz aller Vorsicht in der Bewertung und dem gezielten Bemühen, ein durchgehendes Ranking der Stadt- und Landeskreise zu vermeiden, wurde der Familienatlas allerdings seitens der Medien dann doch genau dafür verwendet: Es wurden eindeutige Gewinner und Verlierer definiert.[11]

ABB. 2 | BEWERTUNG DER 40 GROSSSTÄDTE MIT DER HÖCHSTEN EINWOHNERZAHL

	Handlungsfelder-Gesamtindex Vereinbarkeit von Familie und Beruf, Wohnen, Bildung und Ausbildung, Freizeit		
	Regionen im oberen Drittel	Regionen im mittleren Drittel	Regionen im unteren Drittel
Regionen im oberen Drittel	–	–	–
Regionen im mittleren Drittel	Dresden Freiburg Lübeck München Münster Stuttgart	Bonn Düsseldorf Frankfurt am Main Karlsruhe Hamburg Wiesbaden Braunschweig Mannheim Nürnberg	Augsburg Bielefeld Dortmund Duisburg Gelsenkirchen Hagen Köln Krefeld Mönchengladbach Oberhausen
Regionen im unteren Drittel	Leipzig Chemnitz Erfurt Halle Kiel Magdeburg Rostock	Aachen Berlin Bremen Hannover * Kassel	Essen Bochum Wuppertal

(Zeilenbeschriftung: Rahmenbedingungen-Gesamtindex Arbeitsmarkt und Demografie)

Anmerkung: * Die Werte im Großstadtvergleich beziehen sich soweit verfügbar auf die Landeshauptstadt Hannover und nicht auf die Region Hannover

EIN ANDERER ANSATZ – DIE STUDIE DER WÜSTENROT STIFTUNG:
BEFRAGUNG DER FAMILIEN

Die Wüstenrot Stiftung hat für ihre Studie zur Kinder- und Familienfreundlichkeit der Städte und Gemeinden in Deutschland bewusst einen anderen Weg gewählt als den, die Grundlage für ein weiteres Städteranking zu erstellen. Stattdessen sollte untersucht werden, was die Familien selbst von einer kinder- und familienfreundlichen Stadt erwarten, welche Kriterien ihnen wichtig sind, wie sie vorhandene Angebote beurteilen und was sie sich an ihrem Wohnort an Kinder- und Familienfreundlichkeit wünschen. Außerdem standen dabei die Faktoren und Kriterien im Vordergrund, die Handlungspotenzial aufweisen, also die von den Kommunen selbst beeinflusst werden können.

Der Aufbau der Studie der Wüstenrot Stiftung besteht aus mehreren, unterschiedlichen Erhebungs- und Analyseverfahren, die als inhaltlich komplementäre Bausteine miteinander verbunden wurden:

1. Einer statistischen Analyse vorhandener Daten aus der öffentlichen Statistik bzw. aus anderen Erhebungen.
   Sie dienen vor allem der Identifikation der wichtigsten Rahmenbedingungen, Entwicklungsschwerpunkte und aktuellen Ausprägung der Kinder- und Familienfreundlichkeit in deutschen Städten und Gemeinden.

2. Einer quantitativen, für ganz Deutschland repräsentativen Befragung von mehr als 3 000 Haushalten mit Kindern.
   Basis dieser Befragung waren telefonische Interviews, die von der USUMA GmbH aus Berlin durchgeführt wurden. Für die Zielgruppe dieser Befragung – Haushalte mit Kindern – liegt die Erreichbarkeit über einen Festnetzanschluss immer noch bei weit über 90 Prozent. Ein Vorteil der telefonischen Befragung ist, dass Interviews zeitlich und regional sehr flexibel vereinbart werden können. Gerade die zeitlich oft belasteten Familien können deshalb mit telefonischen Interviews besonders gut erreicht werden.

3. Einer Reihe von 40 zusätzlichen Fallstudien, die vom Forschungsinstitut empirica als persönliche Interviews mit ausgewählten Haushalten durchgeführt wurde.
   Basis dieser Auswahl waren Merkmale wie Haushaltskonstellation, Anzahl und Alter der Kinder, Siedlungsstruktur, Einkommen und Erwerbstätigkeit. Mit diesen Fall-

studien war es möglich, den spezifischen Lebenssituationen von Haushalten mit Kindern noch ausführlicher nachzugehen und die Begründungszusammenhänge für die in den Telefoninterviews gefundenen Ergebnisse zu überprüfen und zu erweitern.

KOOPERATION MIT DEM IKO-NETZ VERGLEICHSRING »FAMILIENFREUNDLICHE STADT«

Im Mittelpunkt der repräsentativen Befragung der Familien standen insgesamt fünf Themenschwerpunkte, die weit reichende Überschneidungen mit den Handlungsfeldern des Familienatlas und den Konzepten vieler Kommunen aufweisen. Sie wurden mit einer Gruppe von Kommunen abgestimmt, die sich ihrerseits auf den Weg gemacht hat, noch kinder- und familienfreundlicher zu werden. Unter Federführung der KGSt (Kommunale Gemeinschaftsstelle für Verwaltungsmanagement) haben 17 Städte den IKO-Netz Vergleichsring Familienfreundliche Stadt gegründet, um in diesem Vergleichsring gemeinsam einen Kriterienkatalog für eine familienfreundliche Stadt zu entwickeln.[12] Anhand dieses Kataloges können die bisherigen wie auch die zukünftigen Leistungen auf dem Gebiet der Familienfreundlichkeit untereinander verglichen werden.

Die Wüstenrot Stiftung hat diesen Städten vorgeschlagen, ihren Kriterienkatalog in die von der Stiftung geplante, repräsentative Befragung mit aufzunehmen, um zu sehen, wie von Seiten der Familien aus diese Angebote beurteilt werden und welche Bedeutung die Familien den von den Kommunen identifizierten Kriterien beimessen. Damit die Städte des Vergleichsringes daraus jeweils zugleich auch eine direkte Rückmeldung auf ihre bisherige Arbeit und ihre Konzepte erhalten können, wurden im Rahmen der repräsentativen Befragung auf Vorschlag der Wüstenrot Stiftung je rund 100 Interviews in diesen Städten durchgeführt. Die Ergebnisse aus diesen je 100 Interviews hat die Wüstenrot Stiftung den Städten für eine interne Auswertung zur Verfügung gestellt und anschließend anonymisiert, da gezielte Aussagen über einzelne Städte oder gar ein weiteres Ranking der Städte untereinander nicht Ziel dieser Untersuchung waren.

Aus Sicht der Wüstenrot Stiftung handelt es sich bei dieser Art von partnerschaftlicher, zugleich aber auch unabhängiger Kooperation zwischen einer privaten Stiftung und den Kommunalverwaltungen um ein gelungenes Beispiel für gemeinsame Anstrengungen beim Verfolgen von Zielen, die im öffentlichen Interesse liegen.

24

DIE RAHMENBEDINGUNGEN DER ERHEBUNG

Die fünf Themenfelder aus der Abstimmung mit der Arbeit des Vergleichsringes sind:
- das Wohnen, also das Haus oder die Wohnung
- das Wohnumfeld
- die Erziehung, Bildung und Betreuung der Kinder und Jugendlichen
- die Angebote zu Freizeit, Kultur, Sport und Erholung sowie
- der soziale Zusammenhalt und das Ausmaß an demokratischer Teilhabe.

Ergänzt wurden diese Themen in der Befragung um wichtige Informationen zur Demografie der Befragten und zur Siedlungsstruktur ihrer jeweiligen Wohnorte. Dies eröffnet die Möglichkeit, vertiefende Analysen zu berechnen, um be spielsweise zwischen den Bedürfnissen und Wünschen von Haushalten mit Kindern in städtischer oder in ländlicher Umgebung, zwischen Alleinerziehenden und Zwei-Eltern-Familien, zwischen Familien mit kleinen oder mit größeren Kindern und zwischen Familien mit oder ohne Migrationshintergrund zu unterscheiden.

Zielgruppe der Befragung waren alle Haushaltsformen, in denen Kinder unter 18 Jahren leben. In diesem Verständnis ist Familie überall da, wo Kinder leben. Einen wachsenden Anteil an diesen Haushalten nehmen neue Familienformen ein, die allgemein unter dem Begriff der Patchwork-Familien zusammengefasst werden. Die Dominanz der traditionellen Kleinfamilie in der zweiten Hälfte des vergangenen Jahrhunderts geht zurück, vor allem in den Städten. Mit dieser Entwicklung, die sowohl an veränderten Familienbiographien als auch veränderten residenziellen Mustern erkennbar wird, hat sich die Studie der Wüstenrot Stiftung nur indirekt beschäftigt. Im Vordergrund stand unter dem Aspekt der Anforderungen an eine familiengerechte Umwelt und das damit verbundene Alltagsmanagement eher die Frage, in welcher inneren Zuständigkeit die Familienmitglieder leben.

Wichtig erschien es jedoch, sich vor allem auch mit dem wachsenden Anteil der Alleinerziehenden und ihrer Situation zu beschäftigen. Zwar leben in rund $2/3$ aller in der Studie befragten Haushalte miteinander verheiratete Ehepartner gemeinsam mit ihren Kindern und in den anderen Haushalten lebt noch einmal ein gutes Drittel der Befragten mit einem Partner zusammen. Aber rund 16 Prozent aller Haushalte in dieser Befragung werden von Alleinerziehenden geführt, was unter dem Gesichtspunkt der Repräsentativität ein durchaus zufrieden stellendes Ergebnis ist. Den Alleinerziehenden und ihren Wünschen nach Unterstützung und Familienfreundlichkeit wurde in den Analysen besondere Aufmerksamkeit zuteil.

Ebenso wichtig war es, den wachsenden Anteil von Familien mit Migrationshintergrund angemessen zu berücksichtigen, was unter dem Aspekt der Repräsentativität ebenfalls recht gut gelungen ist, denn in rund 27 Prozent der befragten Haushalte gibt es bei mindestens einem Elternteil einen Migrationshintergrund. Dadurch wurde es möglich, der Frage nach zu gehen, ob sich die Bedürfnisse und Erwartungen dieser Familien über die Frage sozialer oder residenzieller Segregation hinaus von denen der Familien ohne Migrationshintergrund unterscheiden.

DIE WERTUNG DER ERGEBNISSE

Aus dem mehrstufigen Aufbau der Studie und vor allem aus den mehr als 3 000 Interviews ist eine Fülle von differenzierten Analysemöglichkeiten entstanden. Sie wurden im Rahmen des Forschungsprojektes für eine Vielzahl von Berechnungen genutzt, bei denen es auch darum ging, die Wirkungskraft einzelner Faktoren in einem komplexen Gesamtmodell der Bewertung zu identifizieren und auf ihren jeweiligen Erklärungsanteil zu fokussieren.[13]

So komplex das Thema Kinder- und Familienfreundlichkeit aber auch ist, so eindeutig ergab die Analyse, dass Haushalte mit Kindern ungeachtet ihrer jeweiligen Lebenssituation in weiten Teilen sehr ähnliche Bedürfnisse, Erwartungen und Anforderungen an ihre Umwelt haben. Zwar gibt es Unterschiede, die sich auf die spezifischen Familienkonstellationen, auf die individuellen Einkommensverhältnisse, auf das Alter und die Anzahl der Kinder oder auf die Familienbiografie zurückführen lassen. Im Kern sind die Unterschiede jedoch wesentlich geringer als die Gemeinsamkeiten. Familien wünschen sich vor allem ein auf sie zugeschnittenes Wohnungsangebot, ein sicheres Wohnumfeld und eine (kommunale) Unterstützung bei ihrem gegenüber kinderlosen Haushalten aufwändigeren Alltagsmanagement. Diese Unterstützung würden sie auch als Anerkennung ihrer Leistungen für die Gesellschaft verstehen, an der es in vielen Alltagssituationen mangelt.

Zur Verdeutlichung dieser Zusammenhänge und für eine leichtere Interpretation der Ergebnisse stehen die ausführlichen Aussagen der Familien selbst, die in den Fallstudien erhoben wurden, unmittelbar ergänzend zu den quantitativen Ergebnissen in allen Abschnitten der Analyse der empirischen Ergebnisse im nachfolgenden Berichtsteil. Die empirische Analyse mit vielen differenzierten Berechnungen, vor allem Regressionsanalysen, bildet das Fundament der Erläuterung anhand der Fallstudien. In dieser Darstellung wird deutlich, wie wichtig der mehrstufige Aufbau der Studie für eine adäquate Interpretation der Ergebnisse und für die Identifikation der wichtigsten Handlungsbedürfnisse und -optionen auf Seiten der Kommunen ist.

Aus Sicht der Untersuchung wirken die konkreten Erwartungen der Haushalte mit Kindern an die Kommunen (und auch an die Gesellschaft) oft eher bescheiden, manchmal bezogen auf ihre spezielle Lebenssituation als Familie sogar fast resignierend. Diese Bescheidenheit und Zurückhaltung stehen in keinem Verhältnis zur gesellschaftlichen Bedeutung der Familien und zu ihrem Anteil an der Sicherung der Zukunftsperspektiven der Städte und Gemeinden in Deutschland. Dabei wird zugleich deutlich, dass es nicht nur um materielle Angebote geht, sondern sich in vielen Situationen um eine darüber hinaus gehende, den Aufgaben und Belastungen der Familien angemessene Bereitschaft zur Unterstützung in allen Lebenslagen, vor allem auch bei der Vereinbarkeit von Familie und Beruf, handelt.

Das Forschungsinstitut empirica hat in Abstimmung mit der Wüstenrot Stiftung in dem vorliegenden Bericht unter Leitung von Dr. Marie-Therese Krings-Heckemeier und Ulrich Pfeiffer eindeutig Position bezogen. Diese Eindeutigkeit mag auf der einen Seite über eine sonst in der Regel gepflegte Neutralität empirischer Untersuchungen hinausgehen. Auf der anderen Seite entspricht diese Eindeutigkeit jedoch nur der Klarheit der gefundenen Ergebnisse, welche Ansatzpunkte eine ernsthafte Strategie zur Verbesserung der Kinder- und Familienfreundlichkeit der Städte und Gemeinden in Deutschland verfolgen muss. Einige Aspekte gehen dabei über die Zuständigkeit der kommunalen Ebene hinaus, weil sie in einem übergeordneten Zusammenhang stehen. An diesen Stellen wird deutlich, dass die Verbesserung der Kinder- und Familienfreundlichkeit in Deutschland tatsächlich eine gesamtgesellschaftliche Herausforderung und Zukunftsaufgabe ist, die sich nicht auf eine Handlungsebene reduzieren lässt und für deren Bewältigung getrennte Handlungsstrategien nicht hinreichend sein können.

ERKENNTNISSE UND SCHLUSSFOLGERUNGEN

Im Gesamturteil bewertet nur rund die Hälfte aller Befragten die Kinder- und Familienfreundlichkeit ihres Wohnortes mit gut oder sehr gut *(Abbildung 3)*. Dies ist ein wenig zufrieden stellendes Ergebnis, wenn man berücksichtigt, dass in Umfragen generell eher positive Urteile gefällt werden. Zugleich ist das Urteil aber auch eine Herausforderung und Chance zugleich für alle diejenigen Städte, die im interkommunalen Wettbewerb auf eine hohe Kinder- und Familienfreundlichkeit als Standortvorteil setzen möchten.

Die Ergebnisse aus dieser Untersuchung der Wüstenrot Stiftung können den Städten und Gemeinden dabei helfen, wichtige Handlungsansätze zu identifizieren, denn Familien mit Kindern haben klare Vorstellungen davon, welche Angebote und Rahmenbedingungen Städte und Gemeinden bieten oder entwickeln müssen, um ihren Bedürfnissen gerecht zu werden. Ihre Bewertungen zeigen, dass in vielen Städten und Gemeinden Handlungsbedarf für mehr Kinder- und Familienfreundlichkeit besteht.

Die wichtigsten Forderungen und Erwartungen von Haushalten mit Kindern richten sich auf ihr unmittelbares Wohnumfeld. Hier stehen verkehrssichere (Schul-)Wege und Aufenthaltsmöglichkeiten, ausreichende Grün- und Freiflächen und die Erreichbarkeit von Einrichtungen (Schulen, Kinderbetreuung, Ärzte, Einkaufsmöglichkeiten) an vorderster Stelle. Auf begrenzten Flächen – in den Städten – können aus diesen Anforderungen auch Nutzungskonflikte entstehen, für die planerische Lösungen gefunden werden müssen.

Für die größeren Städte besteht die größte Herausforderung darin, ihre bessere infrastrukturelle Ausstattung und ihre vielfältigen Angebote mit dem Sicherheitsbedürfnis der Eltern für ihre Kinder zu verbinden. Intelligente Stadtplanung und kreative Lösungen sind gefordert, um auch auf begrenzten Flächen eine gelungene Verbindung zwischen attraktiven städtischen Lebenswelten und der von den Haushalten mit Kindern gewünschten spezifischen Wohnumfeldqualität zu erreichen. Chancen für eine bessere Berücksichtigung der Bedürfnisse von Familien mit Kindern ergeben sich in der Neunutzung von Brachen, von Konversionsflächen oder beim Umbau älterer Quartiere.

Bereits vorhandene kommunale Angebote wie flexible Öffnungszeiten, spezifische Informationen für Familien oder eine zentrale Anlaufstelle werden nur teilweise als

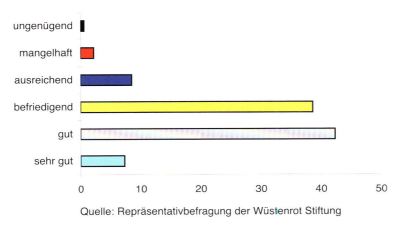

Note insgesamt (in Prozent)

Quelle: Repräsentativbefragung der Wüstenrot Stiftung

zufrieden stellend bewertet. Unzufrieden sind viele Familien auch mit ihren eigenen, direkten Einflussmöglichkeiten auf die Politik in den jeweiligen Städten und Gemeinden, was auf die Notwendigkeit einer intensiveren Beteiligung in den Planungsprozessen schließen lässt.

29

Die Bildungs- und Betreuungsangebote werden aus unterschiedlichen Perspektiven beurteilt. Wichtig sind den Eltern vor allem die Qualität der Ausbildung von Erziehern und Lehrern und die zugrunde liegenden pädagogischen Konzepte. Unter den Haushalten mit kleinen Kindern ist auch eine deutliche Unzufriedenheit mit der Versorgung mit Betreuungsplätzen zu verzeichnen.

Freizeitangebote für Kinder und für Jugendliche sind in der Mehrzahl der Städte und Gemeinden vorhanden. Problematisch ist häufig die eigenständige Erreichbarkeit dieser Angebote durch die Kinder und Jugendlichen selbst. Die Angebote für ältere Kinder und Jugendliche werden insgesamt eher schlecht bewertet.

I. Hintergrund und Untersuchungsdesign

1. KINDER- UND FAMILIENFREUNDLICHKEIT WIRD ZUM LEITBILD

Angesichts des demografischen Wandels erkennt die Politik zunehmend, dass der Verlust von Kindern einer sozialen und altersstrukturellen Auszehrung bei Verarmung des Lebens in der Stadt gleichkommt und auch erhebliche fiskalische Probleme mit sich bringt. So werden aktuell verschiedene Maßnahmen als familienfreundlich erwogen. Dazu gehören z.B.: ein möglichst hohes Kindergeld als Ausdruck einer speziellen Sozialpolitik (vertikale[14] Gleichheit), Kinderbetreuungshilfen und einkommensbezogene Entlastungen nach der Geburt eines Kindes wie z.B. das Elterngeld (horizontale[15] Gleichheit). Schließlich werden Überlegungen angestellt, inwieweit man durch bestimmte Maßnahmen auf kommunaler Ebene Rahmenbedingungen schaffen kann, die die Entscheidung für das Leben mit Kindern erleichtern. Die seit Jahrzehnten beobachtbare, z.T. unfreiwillige, Umlandabwanderung[16] der Familien, insbesondere wenn sie Eigentum erwerben, spricht für ein zu knappes familienfreundliches Wohnungsangebot (Preis-Leistungs-Verhältnis) und Wohnumfeld in den Kernstädten. Die geringe Zahl der Haushalte mit Kindern in den Kernstädten und den Stadtregionen insgesamt demonstriert eine zu schwache Familienorientierung. Wenn Kommunen immer häufiger Kinder- und Familienfreundlichkeit als Leitbild formulieren, so gilt es auch zu prüfen, wie Wohnungsangebote, Infrastruktur, Dienstleistung und Wohnumfeldbedingungen oder die Lebensformen (inklusiv Verkehr) an die spezifischen Bedürfnisse der Familien angepasst werden können.

Will man Familienpolitik entsprechend der unterschiedlichen Handlungsebenen (Bund, Länder, Kommunen) und Zielsetzungen effektiv und fair gestalten, dann benötigt man eine konzeptionelle Vorstellung von der Rolle und Bedeutung der Familien und eine empirisch gestützte Analyse von den Defiziten und der Überforderung der Familien. Auch wenn es bei vorliegender Studie im Wesentlichen um die Anforderungen an die Kommunen geht, werden zwecks besserer Einordnung und Erklärung die übergeordneten Rahmenbedingungen, wie ›Rolle und Bedeutung der Familien‹ sowie die ›regional unterschiedlichen Rahmenbedingungen für Familien‹ untersucht.

2. ES WURDE EIN MEHRSTUFIGES UNTERSUCHUNGSDESIGN GEWÄHLT

Das in Abstimmung mit der Wüstenrot Stiftung entwickelte Untersuchungsdesign der vorliegenden Studie umfasst: Statistische Analysen (Standardtabellen des Statistischen Bundesamtes Deutschland), Sonderauswertungen des Mikrozensus[17], eine standardisierte Repräsentativerhebung[18] (bundesweite Befragung von mehr als 3 000 Haushalten mit Kindern) und Fallstudien mit verschiedenen Familientypen.

- Anhand der Bevölkerungsstatistik und unter Hinzunahme von Sonderauswertungen des Mikrozensus wird die Lebenssituation von Familien in Deutschland beschrieben.

- Die deutschlandweite telefonische Repräsentativerhebung[19] gibt Aufschluss über besondere Erwartungen und Anforderungen von Familien auf kommunaler Ebene.

- In den ergänzenden persönlichen Interviews mit Familien (Fallstudien) werden die komplexen Zusammenhänge erläutert. Stärker als eine standardisierte telefonische Befragung dies leisten kann, erschließen sich in persönlichen, leitfadengestützten Interviews Motivationen der Zielgruppe, Einstellungen und Wechselbeziehungen zwischen den sich gegenseitig beeinflussenden Aspekten.

Der vorliegenden Untersuchung liegt folgender Familienbegriff zugrunde: Familie ist die Lebensgemeinschaft, in der Eltern oder ein Elternteil mit Kindern und Jugendlichen[20] in einem gemeinsamen Haushalt zusammenleben.

ABB. 4 | UNTERSUCHUNGSDESIGN IM ÜBERBLICK

Analyse der Struktur- und Lebenssituation von Familien in Deutschland

- Statistikanalyse
- Sonderauswertung Mikrozensus
- Kartographische Aufbereitung

▼

Telefonische Repräsentativerhebung (bundesweit)

- Konzeption Fragebogen, Pre-test (in Kooperation mit USUMA GmbH)
- Durchführung der Befragung (USUMA GmbH)
- Datenerfassung und Erstauswertung (USUMA GmbH)
- Differenzierte Auswertung und Aufbereitung der Ergebnisse

▼

33

Familieninterviews (bundesweit)

- Konzeption Interviewleitfaden
- Durchführung von leitfadengestützten Interviews
  in verschiedenen Siedlungsstrukturtypen
- Auswertung und Aufbereitung der Fallstudien

Der Bericht ist folgendermaßen aufgebaut:

● Im **Kapitel II** wird die heutige Rolle und Bedeutung der Familie näher analysiert. Dieses Kapitel bezieht sich auf Statistikanalysen, Sonderauswertungen der EVS (Einkommens- und Verbrauchsstichprobe) und eigene Modellrechnungen. Um die Ursachen für die Abnahme der Geburten plastisch darstellen zu können, sind ergänzend drei Fallstudien mit Kinderlosen im Kapitel II eingefügt worden.[21]

● Das **Kapitel III** geht auf die regional unterschiedlichen Rahmenbedingungen für Familien ein. Dieses Kapitel stützt sich auf statistische Analysen (Bevölkerungsentwicklung, differenziert nach Kindern und Jugendlichen sowie besondere Wanderungsbewegungen von Familien).

● In **Kapitel IV** sind die Ergebnisse der Repräsentativerhebung und der Fallstudien entsprechend der thematisch relevanten Handlungsfelder dargestellt.

● Auf der Basis der Analyse der Ergebnisse werden in **Kapitel V** Empfehlungen ausgesprochen.

34

II. Rolle und Bedeutung der Familien

1. PARTNERSCHAFTSPLANUNGEN SIND STÖRANFÄLLIG GEWORDEN

1.1 Familien in Konkurrenz zu anderen Rollen und Zielen

Lebenspartnerschaften zwischen Mann und Frau sind als Folge verschiedener Einflüsse instabil geworden. Die seit Jahrzehnten hohen Scheidungsraten und die Abnahme der Anzahl der Geburten *(vgl. Abbildung 5)* sind Indikatoren dafür. Berücksichtigt man zusätzlich die häufigen Trennungen zwischen Partnern aus eheähnlichen Lebensgemeinschaften, dann wird die Labilität noch deutlicher. Ganz offensichtlich lassen sich die Vorstellungen und Erwartungen über lebenslange Partnerschaften oder Familiengründungen nicht leicht in die Praxis umsetzen. Es ergeben sich Konflikte aus unterschiedlichen Zielen der Selbstverwirklichung, aber auch aus materiellen und zeitlichen Engpässen, die z.B. entstehen können, weil nach einer gescheiterten Partnerschaft ein neuer verlässlicher Partner für eine Familiengründung nicht (rechtzeitig) gefunden wird.[22]

Die Kompromiss- und Anpassungsbereitschaft an die Wünsche und Forderungen des Partners ist oft gering. Die Belastungen durch eine Familiengründung lassen sich mit beruflichen Anforderungen, Karriereplanungen oder auch subjektiven Konsumwünschen nur schwer vereinbaren. Äußere Einflüsse wie hohe Mobilität, unterschiedliche Karriereverläufe, ein Sich-auseinander-Entwickeln im Lebenszyklus zweier Partner oder auch konträre Vorstellungen über das Rollenverständnis in einer Partnerschaft, kommen belastend oder gar als Trennungsgrund hinzu *(vgl. Kapitel II. 1.3).*

Exkurs: Verlauf der Geburten in West- und Ostdeutschland

In den 1960er Jahren lagen die Geburten in Ost- und Westdeutschland pro Frau bei 2 bis 2,5 Kindern (zusammengefasste Geburtenziffer[23]). Die Geburten sind in Ostdeutschland nach 1963 und zeitverschoben in Westdeutschland nach 1968 stark zurückgegangen. Im Unterschied zu Westdeutschland sind in Ostdeutschland die Geburtenzahlen ab Mitte der 1970er Jahre wieder angestiegen. Dieser Anstieg der Geburten (›Honecker-Buckel‹) bedeutet nicht, dass im Lebenszyklus insgesamt mehr Kinder pro Frau geboren wurden, sondern das Gebäralter der Mütter ging zurück.[24] Nach diesen Vorzieheffekten ist die Zahl der Kinder wieder gesunken, so wurden 1989 rd. 20 % bzw. 46 000 Kinder weniger geboren als noch 1980.

Anfang der 1990er Jahre gingen die Geburten in Ostdeutschland als Folge des Vereinigungsschocks mit 0,77 Kindern je Frau auf einen absoluten Tiefstand zurück. Anfangs wurde dieser Rückgang der Geburten als eine zeitliche Verschiebung interpretiert, in der Zwischenzeit ist klar, dass eine ganze Generation deutlich weniger Kinder bekommen hat als die vorangegangenen Generationen.[25] Allein in den drei Jahren 1990 bis 1993 ist die altersspezifische Geburtenziffer der 20- bis 24-Jährigen durchschnittlich um 57 % gesunken. In den letzten zehn Jahren verschoben sich die Geburten in Ostdeutschland auf ein höheres Alter und näherten sich an das Niveau in Westdeutschland an. Kinder werden vermehrt geboren, wenn ihre Mütter zwischen 25 und 34 Jahren alt sind.

36

1.2 Abnahme der Geburten

Wirklich dramatisch hat sich die Einstellung gegenüber Kindern verändert, bzw. die Bereitschaft, überhaupt Kinder zu bekommen. Während noch in den 1970er Jahren Jugendliche und junge Erwachsene, nach ihren damaligen Wertvorstellungen 2,5 Kinder oder mehr bekommen wollten, sind die Planungen jetzt auf unter zwei Kinder gesunken.[26] Allerdings sind auch in der Vergangenheit die Planungen nicht voll umgesetzt worden, die tatsächlichen Geburten sind fast um die Hälfte hinter den Wünschen zurückgeblieben. Deutschland gehört inzwischen zu den Regionen vom Ural bis zur Tschechischen Republik, in denen die Zahl der Geburten pro Frau um 1,3 bzw. darunter liegt *(vgl. Abbildung 6)*.

ABB. 5 | ABNAHME DER GEBURTEN IN WEST- UND OSTDEUTSCHLAND

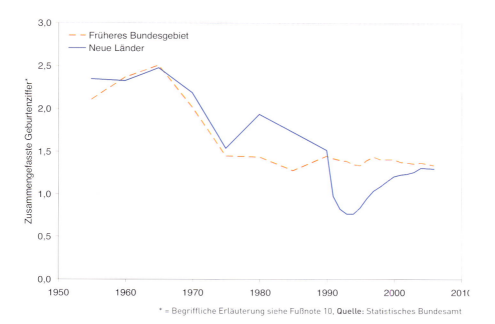

* = Begriffliche Erläuterung siehe Fußnote 10, **Quelle:** Statistisches Bundesamt

ABB. 6 | GEBURTEN IM EUROPÄISCHEN VERGLEICH 1980 UND 2002

37

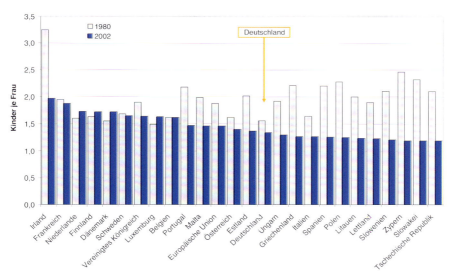

Anmerkungen: Zypern: nur von der Regierung kontrolliertes Gebiet. 2002: EU Schätzungen Eurostat; Spanien und Frankreich: vorläufige Angaben; Italien, Vereinigtes Königreich: nationale Schätzungen (einschließlich Vorausschätzungen), Quelle: Eurostat 13/2004: 5

1.3 Labile Partnerschaften – drei Beispiele

1.3.1 Frau Z.: Partner unter Karrieredruck

Frau Z.: in Partnerschaft lebend, 30 Jahre alt.
Frau Z. hat einen Partner, allerdings lebt dieser beruflich bedingt in einer anderen Stadt.

Persönliche Lebenssituation und Einstellung zu Kindern

Frau Z. ist Schauspielerin. »Ich habe einen Risikoberuf, den ich allerdings über alles liebe und gegen nichts in der Welt eintauschen würde.« Frau Z. möchte unbedingt ein Kind und diskutiert, seit sie 25 Jahre alt ist, mit ihrem Partner darüber. Der Partner ist der Auffassung, dass der richtige Zeitpunkt für ein Kind noch nicht gegeben sei. Frau Z. sieht das anders: »Kinder lassen sich ohnehin nie perfekt in das Leben einer berufstätigen Frau integrieren. Man muss während einiger Zeit jonglieren und sich irgendwie durchlavieren. Eine perfekte Lösung gibt es nicht, vor allem, wenn man noch beruflich mobil sein muss«. Sie wäre bereit, die Einschränkungen durch ein Kind in Kauf zu nehmen. Ihre Lebenseinstellung ist dadurch geprägt, dass man nie in perfekten konfliktfreien Konstellationen leben wird. »Man muss immer Kompromisse machen.« Das ist auch jetzt schon in gewissem Umfang der Fall, denn Frau Z. lebt in einer anderen Stadt als ihr Partner. Für ihren Partner ist es möglich, sich beruflich bedingt öfters in der gleichen Stadt aufzuhalten, in der Frau Z. lebt.

Die Lebensgestaltung des Partners ist deutlich anders. Er ist in einer internationalen Consulting Firma tätig und empfindet einen enormen Berufsstress, weil er ständig hohen Beanspruchungen ausgesetzt ist. Der Wettbewerb zwischen den Kollegen und Kolleginnen gleichen Alters (Anfang 30) ist hart. Der Partner von Frau Z. leidet zum Teil unter dieser Wettbewerbsintensität, die auch seine Freizeit enorm reduziert. Er lebt beruflich an der Kapazitätsgrenze und braucht immer wieder Erholungszeiten, auch für sich selbst allein. Er fährt z.T. allein in den Urlaub, um sich völlig zu entspannen und sich zu regenerieren. Frau Z. sieht deutliche Unterschiede in der Lebenseinstellung, wobei sie persönlich mit Provisorien leben kann. Im Unterschied dazu wünscht ihr Partner ein hohes Maß an Sicherheit und Stabilität und ist zurzeit nicht bereit, »das Chaos einer Familie« auf sich zu nehmen. Frau Z. ist sich vollkommen im Klaren drüber, dass sie bei einem gemeinsamen Kind den größten Teil der Kindererziehungslasten übernehmen müsste und dass dies in ihrem Beruf mit Einschränkungen verbunden wäre. »Ich werde mich dann durch meinen Beruf nicht mehr voll ernähren können, aber dafür hat man ja dann auch einen weiterhin Vollzeit arbeitenden Mann, der mehr Einkommen verdient.«

Frau Z. sieht ihre partnerschaftliche Konstellation nicht als Ausnahme, sondern als sehr typisch für ihre Generation. Sie hat gerade ein Wochenende hinter sich mit sechs Freundinnen, die alle eine Familie gründen wollen und sich ein Kind wünschen. Ihre Freundinnen haben mehr oder weniger stabile und enge Partnerschaften mit jungen Männern in fester beruflicher Anstellung. Allerdings sind die Partner ihrer Freundin auch »noch nicht bereit für eine Familiengründung«. Die Partner sind durchgängig der Meinung, dass Kinder erst dann in Frage kommen, wenn sie beruflich in wirklich stabiler Position sind und sich »finanziell mehr leisten« können. Das betrifft z.B. Dienstleistungen, die man einkaufen möchte, um selbst zeitlich nicht zu stark durch die Familienlasten in Anspruch genommen zu werden.

Frau Z. hat noch nie ernsthaft in Erwägung gezogen, sich von ihrem Freund zu trennen, um einen Partner zu suchen, der bereit ist, mit ihr eine Familie zu gründen. Eine Begründung kann sie dafür nicht angeben: »Das ist eben so. Wir fühlen uns fest aneinander gebunden. Ich akzeptiere oder muss akzeptieren, dass er noch andere Lebenspläne hat als ich. Ich habe ja auch noch Zeit, etwas zu warten.« Frau Z. sieht auch ein Trennungsrisiko, weil sie immer wieder im Bekanntenkreis erleben muss, dass mehrjährige Partnerschaften »in die Brüche« gehen.

Laut Auffassung von Frau Z. stehen Partnerschaften heute in der Regel unter enormen Stress, weil »wir alle fürchterlich strampeln müssen, bis wir eine stabile berufliche Situation erreichen«. Der Partner von Frau Z. sieht sein Leben als einen intensiven Wettlauf mit anderen, die als Konkurrenten ähnliche Positionen erreichen wollen wie er selbst. Diese Erfahrung der Knappheit an günstigen Karrierekonstellationen hat laut Auffassung von Frau Z. ihre Generation geprägt. »Ich glaube nicht, dass Elterngeld und alles, worauf wir Anspruch haben, unsere Entscheidungssituation wesentlich verändert. Wir müssen die größte Last sowieso selber tragen. Allerdings schreckt mich das nicht, denn die neue Erfahrung, Mutter zu sein, ist mindestens so wichtig wie ein Karrieresprung.«

1.3.2 Frau D.: Berufliche Ansprüche und Partnerschaft im Konflikt

Frau D.: Single, 42 Jahre alt.

Frau D. hat während ihres Studiums viel nebenbei gearbeitet, um ihren Lebensunterhalt zu verdienen und hat ein Jahr im Ausland verbracht. Sie hat ihr Studium mit 28 Jahren abgeschlossen, danach in einem kleinen Unternehmen als Beraterin gearbeitet und sich später selbstständig gemacht.

Persönliche Lebenssituation und Einstellung zu Kindern

Die ersten Jahre der Berufstätigkeit (angestellt in einem Beratungsunternehmen) waren für Frau D. durch hohe Arbeitsanspannung und Lernanforderungen geprägt. »Ich hatte praktisch keine Freizeit. Nach zehn bis zwölf Stunden intensiver Arbeit war ich abends so erschöpft, dass ich keine Lust mehr hatte, auszugehen.« Dennoch fehlte es nicht an Kontakten zu möglichen männlichen Partnern, da Frau D. in einer von Männern dominierten Berufswelt agierte. So hat Frau D. bis heute drei längere Partnerschaften hinter sich. Eine Partnerschaft ist gescheitert, weil der potenzielle Ehemann erwartet hat, dass sich seine Ehefrau nach der Eheschließung ganz auf die Familiengründung konzentriert und auf ihren Beruf verzichtet. Frau D. wollte ihre Autonomie und Selbstständigkeit nicht gänzlich aufgeben. In der Phase kurz vor der Eheschließung wurde Frau D. auch deutlich, dass ihr Partner unbedingt eine dominante Rolle in der Partnerschaft spielen wollte, was Frau D. vor dem Hintergrund ihrer persönlichen beruflichen Erfahrungen nicht akzeptieren konnte. Sie hat »kurz vor der Hochzeit das Weite gesucht« und sich beruflich selbstständig gemacht (Marketing und Beratung, Werbung).

Plötzlich wirtschaftlich auf eigenen Füßen zu stehen und gleichzeitig eine freiberufliche Tätigkeit aufzubauen, hat sehr viel Arbeitskraft gefordert. In dieser Zeit war an Familie oder Kinder überhaupt nicht zu denken, weil der Beginn einer Selbstständigkeit nicht mit einer 35-Stunden-Woche zu bewältigen ist. Hinzu kamen nach Angaben von Frau D. auch starke existenzielle Belastungen. »Ich war ständig in Sorge, nicht genügend Aufträge zu erhalten. Die Kunden sind sehr anspruchsvoll. Das Ergebnis ist, dass man extrem ungleichmäßige Belastungen verarbeiten muss.« Frau D. hat dann einen Partner gefunden, mit dem sie ihr Büro gemeinsam betreibt. Aus dieser Partnerschaft wurde eine Lebensgemeinschaft. Ihr Partner hat aus seiner ersten Ehe zwei Kinder in die neue Partnerschaft mitgebracht. Damit wurde Frau D. de facto Mutter, weil die Kinder bei dem Mann lebten. In dieser Phase tauchte auch der Wunsch auf, noch ein eigenes Kind zu haben, wurde aber ständig verschoben. Bevor der Wunsch nach einem eigenen Kind realisiert wurde, kam es zur Trennung, »weil zusammen arbeiten und zusammen leben einfach zu viel waren«.

Seit zwei Jahren ist Frau D. Single und lebt allein. Die berufliche Partnerschaft mit ihrem ehemaligen Lebensgefährten besteht fort. Frau D. hat jetzt ›notgedrungen‹ (Alter) ihren Kinderwunsch aufgegeben. Sie beklagt einen gewissen kulturellen Widerspruch, weil auf der einen Seite die Emanzipation der Frauen gewünscht und gefördert wird und dies auch theoretisch als Ideal anerkannt wird, während man »in der Praxis auf Männer stößt, die dies zwar als Lippenbekenntnis, nicht aber als reales Leben wünschen«. Hinzu kommt, dass die Rahmenbedingungen für eine selbstständige Tätigkeit einer Frau, die gleichzeitig die Mutterrolle übernimmt, sehr ungünstig sind. Frau D. weiß nicht, wie sie ihre beruflichen Ansprüche und die Mutterrolle hätte miteinander vereinbaren können. Selbst eine staatliche Zahlung, die ihr ermöglicht hätte, ein Jahr beruflich auszusetzen, hätte den Verlust vieler Kunden bedeutet mit dem Ergebnis, dass sie als Mutter dann »wieder von vorne hätte anfangen müssen«. Die berufliche Unterbrechung ist nach Auffassung von Frau D. für eine Beamtin des öffentlichen Dienstes ohne Probleme, für eine Freiberuflerin in einem wettbewerbsintensiven Dienstleistungsbereich mit hoher Qualifikationsanforderung praktisch nicht möglich.

1.3.3 Frau L.: Ständige Verschiebung des Kinderwunsches

Frau L.: Single, geschieden, 44 Jahre alt.
Frau L. ist selbstständig und führt ein eigenes Tanzstudio. Ihre Kunden sind Kinder (Körperbeherrschung, Ausdrucksstärke) und Jugendliche sowie Erwachsene, die eine professionelle Karriere anstreben.

Persönliche Lebenssituation und Einstellung zu Kindern

Frau L. sagt von sich selbst: »Mit 18 Jahren nach dem Abitur hatte ich einen starken Kinderwunsch. Nach meiner Berufsausbildung und nachdem ich mich selbstständig gemacht hatte, trat dieser Kinderwunsch immer mehr in den Hintergrund. Ich musste am Anfang um das wirtschaftliche Überleben kämpfen, um einen Kundenstamm zu gewinnen. Eine Anstellung hatte ich nur sehr kurze Zeit, weil man in unserem Beruf einfach selbstständig ist.« Mit Mitte 20 hat Frau L. geheiratet. Ihr Mann war auch selbstständig und viel auf Reisen. »Wir hatten beide sehr große Freiheiten, weil wir häufig getrennt waren.« In den ersten Jahren der Ehe traten mehrmals die Überlegung und auch der Wunsch nach einem Kind auf. Allerdings sind die Gespräche in der Regel dann im Sand verlaufen. Entweder war die wirtschaftliche Situation instabil oder die beruflichen Anspannungen waren extrem hoch. »Das galt in bestimmten Perioden besonders für meinen Mann. Schließlich bestand immer das Hindernis, wie lässt sich ein Kind, insbesondere ein Baby, mit unseren Lebensgewohnheiten und den beruflichen Ansprüchen verbinden.« Frau L. hatte immer wieder den Eindruck, dass ihr Mann keinen ernsthaften Familienwunsch hatte, weil er unter enormem Druck im Beruf stand. »Mein Mann wollte unbedingt Karriere machen und hatte an sich selbst sehr hohe Ansprüche.«

Der berufliche Erfolg und die emotionale Auslastung und Beanspruchung durch den Beruf führten auch bei Frau L. dazu, dass der Kinderwunsch immer wieder verschoben wurde. Die Gespräche oder das Nachdenken über Mutterschaft wurden seltener und verloren an Dringlichkeit. Auch der Freundeskreis hat sich verändert. »Die Freundinnen mit Kindern sah man immer seltener. Unsere Kontakte konzentrierten sich sehr stark auf Paare oder Singles ohne Kinder.« Laut Frau L. sortieren sich Freundes- und Bekanntenkreis gleichsam von selbst, weil man sich schneller und unverbindlicher mit Singles bzw. Paaren ohne Kinder als mit Eltern verabreden kann, die stärker zeitlich eingebunden sind. Erschwerend kommt hinzu, dass Familien, zumindest in der Anfangsphase, wenn die Frauen ihre Berufstätigkeit reduzieren, sparsamer leben müssen. Die Kinderlosen können bedenkenlos Essen gehen, wenn sie Lust dazu haben. Die Eltern hingegen brauchen einen Babysitter, wobei das verfügbare Einkommen niedriger ist als das der Kinderlosen. »Im Ergebnis lebt man in einem Milieu, in dem Familie bzw. Familiengründung und Mütterlichkeit keine Rolle spielen, und man somit auch nicht von außen angeregt wird. Genau genommen lebt man nach und nach sehr familienfern.«

Es gab nie eine eindeutige Entscheidung gegen ein Kind. Es waren die schwächeren Emotionen bei den wachsenden Hindernissen gegenüber einer Familiengründung, die gleichsam zu einer Verlagerung der Gewichte führten. »Natürlich hat sich unsere materielle Situation ständig verbessert. Allerdings wurden auch die drohende zeitliche Beanspruchung und das zeitweilige Aussetzen im Beruf immer teurer. Ich hätte mir kaum leisten können, ein halbes Jahr nicht in meinem Beruf zu arbeiten, weil meine Kunden nicht so lange gewartet hätten und ich eine Vertretung kaum organisieren kann. Als Freiberufler und Einfraubetrieb ist man eigentlich nicht familienfähig.«

Die Ehe wurde vor drei Jahren wegen Untreue ihres Mannes geschieden. Durch die Ehescheidung ist Frau L., wie sie selbst sagt, skeptisch geworden und war seither nicht mehr bereit, sich radikal und eindeutig an einen Mann zu binden. In der Zwischenzeit hat sich der Wunsch, eine Familie zu gründen, de facto erledigt, weil Frau L. als Mutter eines Babys zu alt ist.

Frau L. genießt jetzt das Dasein als Single auch ohne Partner. »Ich bin unabhängiger und kann mein Leben gestalten, wie ich will.« Sie leugnet allerdings nicht, dass sie oft am Wochenende oder spät abends, wenn sie allein nach Hause kommt »Einsamkeitsanfälle« hat. »Es ist jedoch schwierig, in meinem Alter und mit meinen Ansprüchen, einen Partner zu finden.«

43

2. DAS FAMILIENLEBEN BRINGT GRUNDLEGENDE BEEINTRÄCHTIGUNGEN MIT SICH

2.1 Reduzierung der Erwerbstätigkeit von Frauen mit Kindern

In Deutschland leben rund 16,2 Mio. Menschen im typischen Familiengründungsalter zwischen 25 und 40 Jahren,[27] wobei die Erwerbsquote bei rund 77 % liegt.[28] Die relativ hohe Erwerbsquote ist vor allem auf den deutlichen Anstieg der Erwerbstätigkeit von Frauen in den letzten 40 Jahren zurückzuführen. Allerdings bleibt die Erwerbsbeteiligung von Frauen in dem Moment, in dem Kinder hinzukommen, deutlich hinter der von Männern zurück. Während sich die Erwerbsbiographie von Frauen entsprechend der familiären Situation (besondere Zeitbeanspruchung durch Kinder) mit Arbeitsunterbrechungen und -reduzierungen anpasst, ist die Erwerbsbiographie von Männern durch eine durchgehende Vollzeitbeschäftigung charakterisiert *(vgl. Tabelle 1)*:

● Bei Single-Haushalten gibt es kaum Unterschiede bei der Erwerbsbeteiligung. 70,7 % der Single-Männer und 70,2 % der Single-Frauen gehen einer Vollzeitbeschäftigung nach.

● Bei Paar-Haushalten ohne Kinder nehmen die Geschlechterunterschiede leicht zu: Während bei den Männern vor allem die Vollzeitquote von 70,7 % auf 84,6 % steigt, nimmt bei Frauen vor allem die Teilzeitquote zu.

● Besonders deutlich werden die Unterschiede, wenn Kinder hinzukommen. In der Konstellation einer Zwei-Eltern-Familie mit Kindern im Haushalt sind nur noch rund 28,2 % der Mütter in Vollzeit erwerbstätig, während die Erwerbsquote von Vätern mit 84,4 % auf dem Niveau von Männern in Paar-Haushalten ohne Kinder bleibt.

Im regionalen Vergleich des Erwerbsverhaltens von Männern und Frauen mit und ohne Kinder spiegeln sich die oben dargestellten Unterschiede *(vgl. Karte 1)*. Die Vollerwerbsquote von Männern – ob mit oder ohne Kinder im Haushalt – ist nahezu überall in Deutschland höher als die der Frauen. Ausnahmen bilden hier Regionen, in denen eine angespannte Arbeitsmarktsituation vorherrscht. Darüber hinaus zeigt sich der geringe Einfluss der familiären Lebenssituation auf das Erwerbsverhalten der Männer, zumindest was eine Reduzierung der Erwerbsarbeit betrifft. In einigen Regionen ist die Quote der

Erwerbsstatus	Single	Paar ohne Kinder*	Zwei-Eltern-Familie	Ein-Eltern-Familie	Gesamt**
MANN					
Vollzeit	71 %	85 %	84 %	63 %	80 %
Teilzeit	6 %	4 %	3 %	6 %	4 %
Erwerbslos	23 %	11 %	13 %	30 %	16 %
Insgesamt***	100 %	100 %	100 %	100 %	100 %
FRAU					
Vollzeit	70 %	73 %	28 %	36 %	43 %
Teilzeit	11 %	14 %	35 %	30 %	27 %
Erwerbslos	19 %	14 %	36 %	34 %	29 %
Insgesamt***	100 %	100 %	100 %	100 %	100 %

Anmerkung: *= Paar ohne Kinder oder Jugendliche im Haushalt;
** = inklusive sonstige Haushaltstypen (z.B. Mehrgenerationenhaushalte o.Ä.);
*** = Differenzen zu 100% aufgrund von Rundungen,
Familiengründungsalter = Personen im Alter zwischen 25 und 40 Jahren. Stand 2002
Quelle: Statistisches Bundesamt, Mikrozensus

vollerwerbstätigen Väter sogar höher als die der Männer ohne Kinder im Haushalt, wie z.B. im Emsland, Teilen Baden-Württembergs und im Südosten Bayerns. Demgegenüber sinkt die Vollerwerbsquote von Frauen mit Kindern im Haushalt deutlich.

Erwerbsquote vollerwerbst. Männer ohne Kinder

< 10%
10-20%
20-30%
30-40%
40-50%
50-60%
60-70%
70-80%
80-90%
> 90%

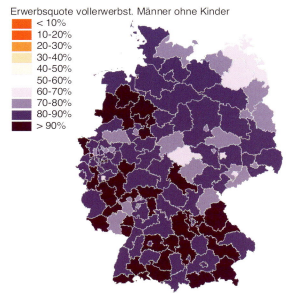

46

Erwerbsquote vollerwerbst. Frauen ohne Kinder

< 10%
10-20%
20-30%
30-40%
40-50%
50-60%
60-70%
70-80%
80-90%
> 90%

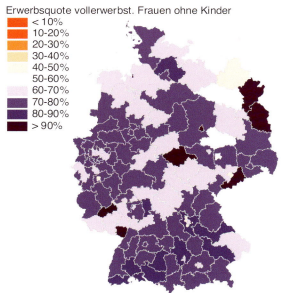

Anmerkung: Kinder im Haushalt = Kinder (bis unter 14 Jahre) und Jugendliche (14 bis unter 18 Jahre);
Erwerbsquote vollerwerbstätiger Frauen bzw. Männer = Anteil vollerwerbstätiger Frauen
bzw. Männer mit und ohne Kinder an allen Frauen und Männern;
Familiengründungsalter = Frauen und Männer zischen 25 und 40 Jahren.

Erwerbsquote vollerwerbst. Männer mit Kindern

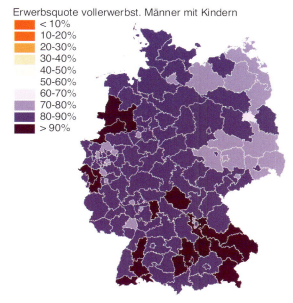

- < 10%
- 10-20%
- 20-30%
- 30-40%
- 40-50%
- 50-60%
- 60-70%
- 70-80%
- 80-90%
- > 90%

Erwerbsquote vollerwerbst. Frauen mit Kindern

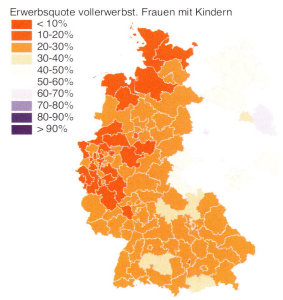

- < 10%
- 10-20%
- 20-30%
- 30-40%
- 40-50%
- 50-60%
- 60-70%
- 70-80%
- 80-90%
- > 90%

Stand 2002

Quelle: Statistisches Bundesamt, Mikrozensus

2.2 Finanzielle und zeitliche Beeinträchtigungen der Familien

Kinder werden am Anfang einer Berufskarriere und damit am Anfang des Vermögens-bildungsprozesses geboren. Ihre Lebenshaltungs- und Ausbildungskosten konkurrieren mit den Vermögensbildungsplänen und zum Teil auch Selbstverwirklichungsplänen (Karrieren) der Eltern. Es entsteht in gewisser Weise eine Konkurrenz zwischen der Alterssicherung und den Investitionen in die Kinder.

ABB. 7 | ZEITBUDGET DER ELTERN FÜR IHRE KINDER

Anmerkung: * = Alte Länder inkl. Westberlin und neue Länder inkl. Ostberlin
Quelle: Statistisches Bundesamt, Zeitbudgeterhebung 1991/92 und 2001/02

Kinder sind zeitaufwendig. Die Zeit, die die Eltern für die Kinder benötigen, hat in den letzten Jahren zugenommen. So stiegen seit Beginn der 1990er Jahre die Kinderbetreu-ungszeiten von Eltern mit Kindern unter 6 Jahren in den neuen Bundesländern um fast eine Stunde am Tag und in den alten Bundesländern um etwas mehr als 45 Minuten *(vgl. Abbildung 7)*. Gerade Eltern mit anspruchsvollen Berufen geraten in einer ohnehin durch Zeitknappheit geprägten Welt in ständigen Zeitstress. Kinderbetreuungszeiten konkurrieren mit dem hohen Zeitbedarf einer Karriere. Je anspruchsvoller die Berufs- und Karrierepläne, umso größer wird der Zielkonflikt zwischen Familie und Beruf. Während früher in den vorindustriellen Gesellschaften die Oberschichten überdurchschnittlich viele Kinder hatten, deren Lebenserwartung auch höher war als bei den Kindern der ›Unterschichten‹,[29] haben sich die Verhältnisse heute eher umgekehrt. Die Kinderzahl in den Familien der ›Unterschichten‹ ist höher als bei Angehörigen der ›Oberschichten‹. Nicht absolute Armut, sondern die relativ hohen subjektiven Kosten bei Eltern mit anspruchsvollen Karrieren spielen bei den Entscheidungen über die Kinderzahl eine zentrale Rolle.

3. ES BESTEHT EINE FUNDAMENTALE UNGLEICHBEHANDLUNG VON FAMILIEN MIT KINDERN UND KINDERLOSEN

Mithilfe des empirica-Simulationsmodells »Lebensökonomie«[30] kann das Konsumpotenzial der Kinderlosen mit dem der Eltern verglichen werden. Um die Kinderkosten vergleichen zu können, werden die Wirkungen staatlicher Politik bei Alleinerziehenden und Zweikinderfamilien verglichen *(vgl. Tabelle 2)*.[31] Die direkten Bruttokosten für die Kinder (Barwerte) schwanken zwischen rund 74 000 Euro (zzgl. indirekte Kosten 63 000 Euro)[32] bei einer allein erziehenden Arbeiterin bzw. 267 000 Euro bei einem Akademikerpaar mit zwei Kindern (zzgl. indirekte Kosten 204 000 Euro). Weit geringer ist die entsprechende Bandbreite der staatlichen Hilfen, die bei Alleinerziehenden bis rund 71 000 Euro für ein Kind reichen und bei Akademikerehepaaren auf 68 000 Euro absinken. Unter diesen Annahmen werden die Kinderkosten bei einer allein erziehenden Arbeiterin weitgehend vom Staat getragen. Die gesamten Kinderkosten bewegen sich bei einer ›Normalfamilie‹ mit zwei Kindern im Rechenbeispiel zwischen 225 000 Euro (Arbeiterhaushalt) und rund 405 000 Euro (Akademikerhaushalt mit hohem Einkommen). Dabei sind keine Geldwerte für die Freizeiteinbußen bei den Eltern enthalten.

Die Unterschiede – um nicht zu sagen Ungerechtigkeiten – im Hinblick auf die Kinderkosten werden deutlich, wenn man das Konsumpotenzial der Eltern (Resteinkommen nach Abzug von Steuern, Abgaben und Kinderkosten zuzüglich der direkten Unterstützungen für die Kinder) mit dem Konsumpotenzial von kinderloser Paaren vergleicht *(vgl. Abbildung 8)*. Durch kinderbedingte Erwerbsunterbrechungen ergeben sich lebenslange Einkommensminderungen. Die Ausgaben für Kinder – also die direkten Kinderkosten – sind proportional zum verfügbaren Einkommen (Nettoerwerbseinkommen zuzüglich Kindergeld/Erziehungsgeld).[33]

| Familientyp | | Alleinerziehende | | Zweielternfamilie | |
Berufstyp		Arbeiter	Akademiker	Arbeiter	Akademiker
Berufseintritt (Alter)	1	20	28	20	28
Erstgeburt (Alter)	2	22	30	24	30
Jahre bis 2. Geburt	3	–	–	2	2
Erwerbsumfang Frau nach Geburt					
erst 4h/Woche für ... Jahre*	4a	3	3	6	6
dann Halbtags für ... Jahre	4b	3	3	4	4
Barwert der Kinderkosten in Euro					
direkte Kosten (brutto)	5	73 880	90 472	141 397	266 995
KiG/ErzG	6	71 424	57 148	68 761	67 615
direkte Kosten (netto)	7 = 5-6	2 456	33 325	72 637	199 380
indirekte Kosten	8	63 063	88 716	152 604	204 679
Summe	9 = 7+8	65 520	122 041	225 241	404 059
Nachrichtlich					
Endwert mit 65 Jahren	10	159 728	297 518	549 104	985 037
Rentenäquivalent (€/Monat)**	11	682	1 270	2 344	4 205

* Bei Zweielternfamilien vollständige Unterbrechung der Erwerbstätigkeit
** Annuität über 25 Jahre

Männer und Frauen bei Paarhaushalten sind gleich alt und haben den gleichen Bildungsweg absolviert, Alleinerziehende sind weiblich, Anfangsgehalt (brutto) männliche Akademiker 2 500 Euro/Monat, männliche Arbeiter 1 700 Euro/Monat, Frauen 19,1 % weniger[34], unterschiedliche Einkommenssteigerungen Arbeiter vs. Akademiker, durch Erwerbsunterbrechung (d.h. < 10h pro Woche) sinken alle folgenden Monatslöhne permanent ab (verminderte Karrierechancen)[35]. Ausgaben für Kinder (direkte Kinderkosten) sind proportional zum verfügbaren Einkommen (Nettoerwerbseinkommen zuzüglich Kindergeld/Erziehungsgeld[36]); Kinderkosten fallen jeweils an, bis das Kind ins Berufsleben eintritt, dies passiert im selben Alter wie bei den Eltern.[37] Alle Größen sind real, ohne Inflation. Diskontierungszinssatz für Bar- und Endwertberechnungen beträgt 2 %. Steuer- und Abgabentarife wie 2005, bereinigt um Wachstumseffekte (Annahme: 1 % reales Wachstum p.a.)

Quelle: »Lebensökonomie als (mögliches) Leitbild einer nachhaltigen Familienpolitik«, empirica-Studie im Auftrag des Bundesministeriums für Familie, Senioren, Frauen und Jugend (2005)

ABB. 8 | KONSUMPOTENZIAL VON AKADEMIKERN – KINDERLOSE VS. FAMILIEN

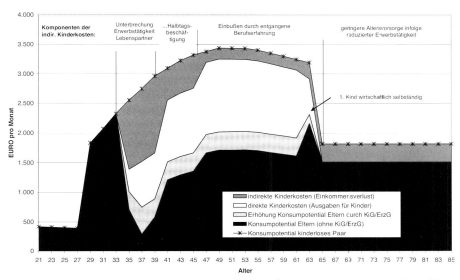

Quelle: »Lebensökonomie als (mögliches) Leitbild einer nachhaltigen Familienpolitik«, empirica-Studie im Auftrag des Bundesministeriums für Familie, Senioren, Frauen und Jugend (2005)

ABB. 9 | KONSUMPOTENZIAL VON ARBEITERHAUSHALTEN – KINDERLOSE VS. FAMILIEN

51

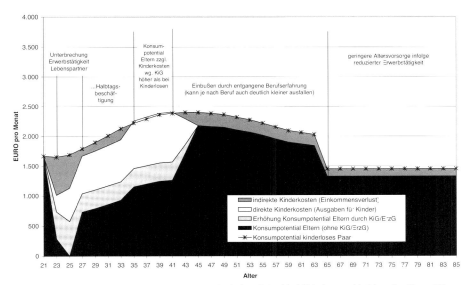

Quelle: »Lebensökonomie als (mögliches) Leitbild einer nachhaltigen Familienpolitik«, empirica-Studie im Auftrag des Bundesministeriums für Familie, Senioren, Frauen und Jugend (2005)

Exkurs: Erläuterung der Abbildung 8 und der Abbildung 9

Der Vergleich: Die obere Begrenzungslinie in der Grafik markiert das Konsumpotenzial des kinderlosen Paares. Deutlich reduziert und nur geringfügig verbessert durch Familienhilfen bleibt die unterste schwarze Fläche des Konsumpotenzials der Paare mit Kindern wegen der direkten Kinderkosten (gelbe Fläche) und der Einkommensminderungen der Frau (dunkelgraue Fläche). Die Grafik lässt unmittelbar erkennen, wie lange die Perioden massiver Benachteiligungen reichen. Selbst im Rentenalter bleibt der Lebensstandard trotz staatlicher Hilfen reduziert. Bei Akademikern mit hohen Einkommen kann man oft nicht von Familienhilfen sprechen, sondern nur von Minderung der Einkommensausfälle.

Im wirtschaftlichen Ergebnis tragen die einkommensstärkeren Familien ihre Kinderkosten meist zu 100 % allein. Rechnet man die Mehrwertsteuerzahlungen für die Konsumausgaben der Kinder ein, dann ist die Kinderbilanz gegenüber dem Staat negativ.

Die Bilanz gegenüber dem Staat ist bei Haushalten mit niedrigen Einkommen deutlich günstiger. Hier spielt die Familienpolitik als Sozialpolitik eine besondere Rolle *(vgl. Abbildung 9)*. Vergleicht man ein Akademikerpaar mit zwei Kindern mit einem kinderlosen Arbeiterpaar (Bruttoanfangsgehalt des männlichen Arbeiters 1 700 Euro/Monat), so zeigt sich eine eindeutige Benachteiligung des Akademikerpaares *(vgl. Abbildung 8 mit Abbildung 9)*. Als Folge einer Erwerbsunterbrechung sind alle folgenden Monatslöhne permanent reduziert. Das Konsumpotenzial des Akademikerpaares mit zwei Kindern ist jedoch trotz höherer Einkommen zum Teil geringer als das Konsumpotenzial des kinderlosen Arbeiterpaares. Sehr deutliche Auswirkungen haben zeitlich verbesserte Erwerbsbiographien deswegen insbesondere für Akademikerpaare *(vgl. Abbildung 10)*.[38]

Eine Verkürzung der Ausbildung und das Vorziehen der Geburten von Kindern hätte zur Folge, dass ein ständig deutlich höheres Konsumpotenzial entsteht. Die frühere Entschuldung des Wohneigentums und der frühere Auszug der Kinder führen im Beispiel ab einem Alter von 54 Jahren zu einem sprunghaft ansteigenden höheren Lebensstandard und ermöglichen ein erheblich erhöhtes Alterssicherungssparen. Zusammen mit der längeren Spardauer steigt das Konsumpotenzial im Ruhestand beim Zeitoptimierer um rund 1 800 Euro pro Monat. Die Elterngeneration gewinnt doppelt, weil Kinderkosten früher entstehen und die Kinder die Familie auch früher verlassen. Die prekäre Lage der Familien macht diese ›anfälliger‹ für die ungünstige Verwendung von Lebenszeit durch überlange Ausbildungen.[39]

ABB. 10 | KONSUMPOTENZIAL VON AKADEMIKERFAMILIEN – ZEITLICH OPTIMIERTE BIOGRAPHIE

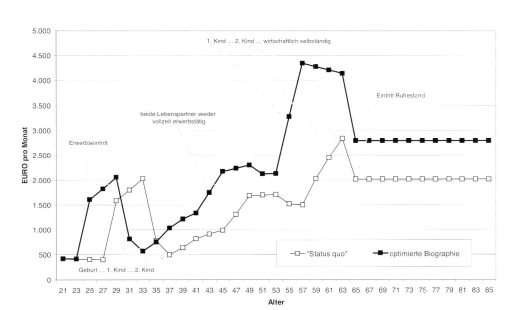

Quelle: »Lebensökonomie als (mögliches) Leitbild einer nachhaltigen Familienpolitik«, empirica-Studie im Auftrag des Bundesministeriums für Familie, Senioren, Frauen und Jugend (2005)

4. KINDERARMUT NIMMT ZU – ABER NICHT WEGEN HARTZ IV

Es gibt immer weniger junge Menschen in Deutschland und trotzdem steigt die Zahl junger Sozialhilfebezieher. Vor der Neuregelung zu Beginn des Jahres 2005 (Umstellung auf ALG II bzw. Sozialgeld) bezogen rund 965 Tsd. unter 15-Jährige Sozialhilfe, das waren

53

8,1 % oder fast jedes zwölfte Kind unter 15 Jahren (Vorjahr: 7,7 % oder jedes dreizehnte Kind). Dieser Trend spiegelt auch die Entwicklung, dass immer mehr Kinder in Haushalten lediger bzw. geschiedener und damit häufig allein verdienender Bezugspersonen aufwachsen: Die Armutsquote von Einelternhaushalten im Jahr 2004 lag laut SOEP[40] bei 36 %, bei Paaren mit über (unter) 18-jährigen Kindern betrug die Quote 11 % (13 %).

Der Anstieg zur Einführung von ALG II/Sozialgeld muss mit Vorsicht interpretiert werden:[41] Während früher Kinder von Arbeitslosenhilfebeziehern mit über dem Sozialhilfesatz liegendem Einkommen nirgends erfasst wurden, erfolgt jetzt die Erfassung, sobald ALG II gezahlt wird. Daraus können keine allgemein gültigen Schlussfolgerungen für die Entwicklung der Lebensstandards gezogen werden. Der Lebensstandard hat sich verbessert, wenn die bis Ende 2004 bezogene Arbeitslosenhilfe ein Einkommen unterhalb des heutigen Niveaus des Sozialgeldes bzw. ALG II ermöglicht hat und umgekehrt. Tatsächlich wurde mit Einführung von Sozialgeld und ALG II ein Teil der bisher verdeckten Armut aufgedeckt. Insofern hat die bisherige Zahl der Sozialhilfeempfänger den tatsächlichen Umfang der Bedürftigkeit unterschätzt.

Laut EU-Konvention leben diejenigen Menschen in Einkommensarmut, deren Einkommen um mehr als 40 % unterhalb des Mittelwertes aller Haushalte liegt. Einkommensarmut und Bezug von Sozialhilfe oder ALG II haben rein definitorisch nichts miteinander zu tun. Regelmäßig ist die Zahl der Kinder in einkommensarmen Haushalten nach dieser Definition sogar deutlich größer als die Zahl der minderjährigen Empfänger von Sozialhilfe bzw. ALG II/Sozialgeld. Bei weitem nicht jedes in einkommensarmen Verhältnissen lebende Kind bezieht demnach Sozialhilfe bzw. ALG II/Sozialgeld.

5. ELTERN SCHAFFEN DIE WIRTSCHAFTLICHEN UND EXISTENZIELLEN FUNDAMENTE DER GESELLSCHAFT

Die Gesellschaft muss ein hohes Interesse daran haben, das die Geburtenrate steigt; in einem bestimmten Zeithorizont z. B. auf ein Niveau von 1,7 bis 1,8. Die aktuelle Geburtenrate ist deutlich niedriger und damit zeigt sich im Ergebnis eine Diskrepanz zwischen den kollektiven Ansprüchen und den individuellen Entscheidungen. Für die Gesellschaft von existenzieller Bedeutung sind die Leistungen der Familien zu Gunsten der Erziehung und

Bildung der Kinder. Die dementsprechenden Investitionen, die Familien zusätzlich – im Vergleich zu Kinderlosen – jährlich tragen müssen, summierten sich im Jahr 2005 auf rund 179 Mrd. Euro,[42] das entspricht in etwa 9 % des damaligen BIP. Diese direkten und indirekten Kinderkosten lagen im Vergleichsjahr 2005 etwa 1,5-mal so hoch wie die gesamten Finanzhilfen von Bund, Ländern und Kommunen (Subventionen ohne Steuer-ausgaben, d. h. ohne Wirkung der Steuerfreibeträge und Ehegattensplitting), doppelt so hoch wie die staatlichen Bildungsausgaben und fast sechsmal so hoch wie die Ausgaben für öffentliche Sicherheit oder Pensionen. Insgesamt sind die privaten Investitionen der Familien fast viermal höher als die staatlichen Ausgaben für Familien.

Der Rückgang der Geburten muss ökonomisch als abnehmende Investitionsneigung in-terpretiert werden. Die Wertschätzung der Kinder hat relativ zu anderen Lebenszielen abgenommen. Hierbei liegt die Betonung auf relativ. Veränderungen der reinen Wert-schätzung von Kindern und das persönliche Glück durch Kinder sind naturgemäß schwer zu messen.

Insgesamt müssen wir zur Kenntnis nehmen, dass die individuellen Kalküle und Wert-entscheidungen der potenziellen Eltern ganz offensichtlich zu erheblichen Störungen und Belastungen der gesellschaftlichen und wirtschaftlichen Entwicklung führen. Die Einzel-entscheidungen der Individuen führen aggregiert zu Ergebnissen, die von den Beteiligten als Kollektiv nicht gewollt werden können. Dabei ist besonders problematisch, dass in der Vergangenheit im Anschluss an den Babyboom eine lange Periode sehr niedriger Geburtenraten eintrat. Diese Berg- und Talfahrt der Geburtenraten wird in knapp 20 Jahren, wenn die Babyboom-Generation allmählich ›in Rente‹ geht, zu einer fast dreißig-jährigen Periode hoher Beanspruchungen der folgenden Generationen führen.

Angesichts der hohen Folgelasten einer raschen Alterung der Bevölkerung hat Familien-politik als Geburtenpolitik, unabhängig von den Zielen der Gleichbehandlung, eine neue Bedeutung erhalten, obwohl sie nur in sehr langen Fristen wirken kann. In die gleiche Richtung wirkt, dass Humankapital immer wichtiger wird als Sachkapital. Die Ausbil-dungsinvestitionen zu Gunsten der Kinder werden immer mehr zum Fundament für eine künftig günstige wirtschaftliche und gesellschaftliche Entwicklung. Die schon einge-tretene Ungleichheit der Bildung beeinträchtigt die wirtschaftliche Entwicklung und ist eine Ursache für die wachsende Ungleichheit der Einkommen und Vermögen.

III. Regional unterschiedliche Rahmenbedingungen für Familien

1. DIE ZAHL DER FAMILIEN SCHRUMPFT, VOR ALLEM IN OSTDEUTSCHLAND

Derzeit leben in Deutschland rund 12,5 Mio. Familien.[43] Ihre Zahl hat sich im letzten Jahrzehnt um 5 % verringert. Gleichzeitig hat die Zahl der Paare ohne Kinder als Folge des Geburtenrückgangs und der verlängerten Lebenserwartung um 10 % (rund 1 Mio.) zugenommen. Die schrumpfende Zahl von Familien zeigt sich vor allem in den neuen Ländern (inklusiv Berlin). Die Zahl der Familien schrumpfte hier binnen zehn Jahren um

ABB. 11 | FAM LIEN IN DEUTSCHLAND

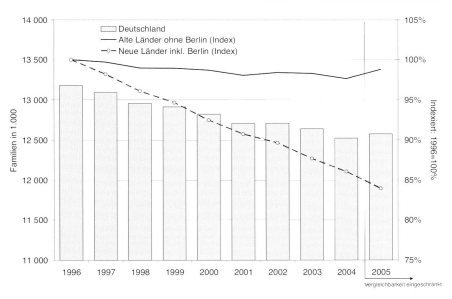

Quelle: Statistisches Bundesamt, Mikrozensus

420 000 (14 %) auf knapp 2,6 Mio. (2004), während in den alten Ländern die Zahl lediglich um rund 2 % bzw. 240 000 auf rund 9,9 Mio. schrumpfte. In den neuen Ländern wirken sich die massiven Geburtenrückgänge nach der Wiedervereinigung, das Vorziehen der Geburten in den 1980ern, das Verschieben der Geburt auf ein höheres Alter und die Ost-West-Wanderungen aus.

ABB. 12 | ANZAHL DER KINDER IN FAMILIENHAUSHALTEN

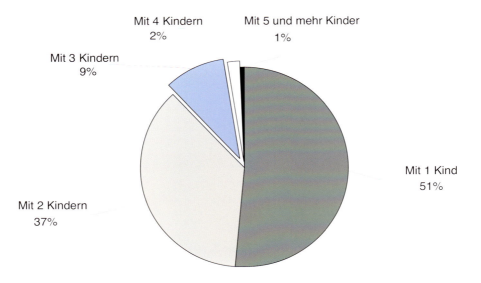

Mit 4 Kindern
2%

Mit 5 und mehr Kinder
1%

Mit 3 Kindern
9%

Mit 1 Kind
51%

Mit 2 Kindern
37%

Anmerkung: Kinder im Haushalt ohne Altersbeschränkung (9 % der Kinder sind 27 Jahre und älter)
Quelle: Statistisches Bundesamt, eigene empirica-Berechnungen

Nur bei etwa jedem zehnten Familienhaushalt handelt es sich um einen großen Haushalt mit drei und mehr Kindern. In der Hälfte der Familienhaushalte lebt ein Kind *(vgl. Abbildung 12)*. Allerdings leben die meisten Kinder (knapp 70 %) mit Geschwistern im Haushalt: 45 % der Kinder leben in einem Zwei-Kinder-Haushalt und etwa jedes vierte Kind in einem Haushalt mit drei oder mehr Kindern.

2. DER ANTEIL VON KINDERN UND JUGENDLICHEN IST IN DEN BUNDESLÄNDERN UNTERSCHIEDLICH

In Deutschland leben derzeit rund 14 Mio. Kinder und Jugendliche. Das sind 17,5 % der Bevölkerung. Die meisten Kinder und Jugendlichen leben in Baden-Württemberg und Niedersachsen, absolut gesehen von den 14 Mio. 1,5 Mio. in Niedersachsen und 2 Mio. in Baden-Württemberg. Regional schwanken die Kinderanteile erheblich. Im Landkreis Cloppenburg (Niedersachsen) ist der Anteil an Kindern und Jugendlichen am höchsten (25 %). Die wenigsten Jugendlichen leben in den Ländern Sachsen (13,4 %) und Sachsen-Anhalt (13,3 %). In den neuen Bundesländern ist die Kinder- und Jugendlichenquote besonders niedrig, weil der Einbruch der Geburten seit der Wende von einer Abwanderung von Familien und jungen Menschen in wirtschaftlich prosperierende westdeutsche Regionen begleitet wird *(vgl. Karte 2)*.

KARTE 2 | WENIG KINDER UND JUGENDLICHE IM NORD-OSTEN DEUTSCHLANDS

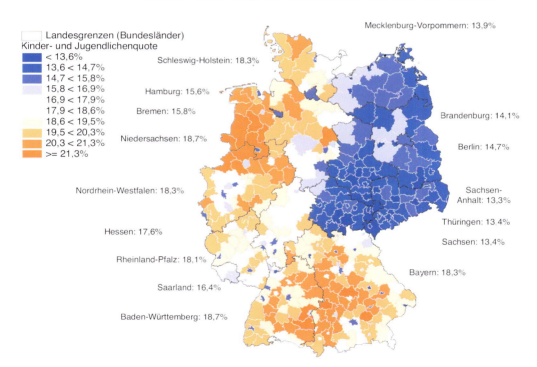

Quelle: Statistisches Bundesamt, eigene Berechnungen

3. DIE FAMILIENABWANDERUNG BZW. -ZUWANDERUNG SPIELT REGIONAL EINE SEHR UNTERSCHIEDLICHE ROLLE

Regionale Wanderungsanalysen zeigen die räumliche Verteilung von familienfreundlichen bzw. weniger familienfreundlichen Städten und Landkreisen, da Umzugsentscheidungen von Familien nach besonders sorgfältiger Abwägung der Vor- und Nachteile eines potenziellen neuen Wohnortes getroffen werden. Umfragen bei umziehenden Haushalten zeigen, dass in der Regel eine große Bandbreite von Gründen zur Umzugsentscheidung führt. Bei Fernwanderungen (z.B. von Ostdeutschland nach Süddeutschland) sind vor allem Arbeit und Ausbildung die mit Abstand wichtigsten Gründe. Bei Umzügen im Nahbereich (z.B. von Stuttgart nach Böblingen) sowie bei der genauen Standortentscheidung bei Fernumzügen (von Ostdeutschland nach München oder nach Dachau) stehen hingegen die Lebensqualität am Zielort und die finanziellen Möglichkeiten im Vordergrund. Die Lebensqualität ist eine äußerst subjektive Größe, die stark abhängig ist von den Lebensumständen. Familien haben andere Bedürfnisse als Singles oder Paare ohne Kinder. Die vorliegende Studie zeigt, dass bei der Wahl des Mikrostandortes Betreuungs- und Bildungseinrichtungen sowie die Wohnangebote und die Ausgestaltung der Nachbarschaften eine zentrale Rolle spielen *(vgl. Kapitel IV)*. Das Ergebnis der Abwägung und die Umzüge, sind ein deutlicher Indikator für die Familienfreundlichkeit *(vgl. Karte 3 und Karte 4)*.[44]

Bei der Einschätzung der Familienfreundlichkeit wird zwischen Zuwanderungs- und Abwanderungsregionen unterschieden. Diese Differenzierung ergibt sich v.a. aus der Attraktivität des jeweiligen Wirtschaftsstandortes. Entscheidend für die Wanderungsrichtung bzw. die Wanderungssalden ist die relative Stärke der Arbeitsmärkte. Innerhalb der beiden Regionstypen zeigen sich allerdings erhebliche Unterschiede. So verliert z.B. der Landkreis Saale-Holzland-Kreis in Thüringen insgesamt sechs Einwohner (pro Jahr, pro 1 000 Einwohner), bei Kindern sind es hingegen zehn (pro Jahr, pro 1 000 Kinder bis unter 15 Jahre). Im Gegensatz dazu verliert der Kreis Anhalt-Zerbst in Sachsen-Anhalt zwar ebenfalls insgesamt sechs Einwohner, bei den Kindern allerdings gewinnt er jährlich drei hinzu. Ähnliche Differenzierungen ergeben sich auch bei den Zuwanderungsregionen. Der Landkreis Stormarn gewinnt nur sieben Einwohner (pro Jahr, pro 1 000 Einwohner) hinzu, bei Kindern sind es mit 14 sogar doppelt so viele. Auf der anderen Seite steht der Landkreis Garmisch-Patenkirchen: einem Zuwanderungsgewinn von insgesamt fünf Einwohnern steht ein Wanderungsverlust von vier Kindern pro Jahr gegenüber.

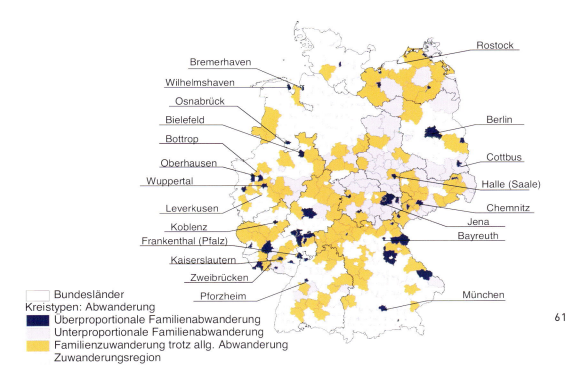

Bundesländer
Kreistypen: Abwanderung
Überproportionale Familienabwanderung
Unterproportionale Familienabwanderung
Familienzuwanderung trotz allg. Abwanderung
Zuwanderungsregion

61

Anmerkung: Die relativen Wanderungssalden (Wanderungssaldo je 1 000 Kinder unter 15 Jahre
bzw. Einwohner in den Jahren 2004/05) von Kindern sind ein Indikator für die Familienfreundlichkeit
der kreisfreien Städte und Landkreise in Deutschland. (nur Deutsche)
Quelle: Statistisches Bundesamt, eigene empirica-Berechnungen

Familienunfreundliche Städte in Abwanderungsregionen (im Hinblick auf Personen mit
deutscher Staatsangehörigkeit) sind z.B. Berlin, München, Kaiserslautern, Bielefeld,
Osnabrück, Bremerhaven, Chemnitz, Halle (Saale) *(vgl. Karte 3; überproportionale Familienabwanderung)*. Besonders familienfreundliche Städte in den Abwanderungsregionen
sind z.B. Bottrop, Leverkusen, Frankenthal (Pfalz), Oberhausen, Zweibrücken (Familienzuwanderung trotz allgemeiner Abwanderung).

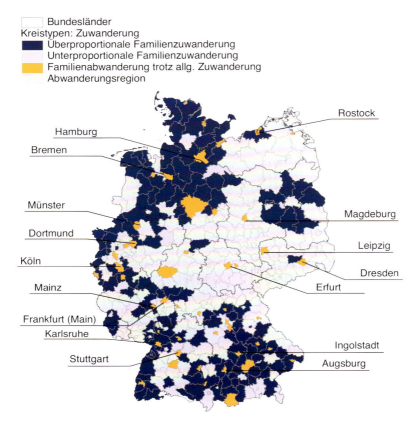

Bundesländer
Kreistypen: Zuwanderung
■ Überproportionale Familienzuwanderung
□ Unterproportionale Familienzuwanderung
■ Familienabwanderung trotz allg. Zuwanderung
Abwanderungsregion

Anmerkung: Die relativen Wanderungssalden (Wanderungssaldo je 1 000 Kinder unter 15 Jahre
bzw. Einwohner in den Jahren 2004/05) von Kindern sind ein Indikator für die Familienfreundlichkeit
der kreisfreien Städte und Landkreise in Deutschland. (nur Deutsche Bevölkerung)
Quelle: Statistisches Bundesamt, eigene empirica-Berechnungen

Familienunfreundliche Städte in den Zuwanderungsregionen (im Hinblick auf Personen
mit deutscher Staatsangehörigkeit) sind z. B. Rostock, Hamburg und Köln, wobei gleichzeitig die Umlandregionen dieser familienunfreundlichen Städte familienfreundlich sind
(überproportionale Familienzuwanderung).

4. ES LEBEN MEHR KINDER UND JUGENDLICHE IN DEN SUBURBANISIERUNGSRÄUMEN ALS IN DEN KERNSTÄDTEN

Laut den Ergebnissen der vorliegenden Studie legen Familien großen Wert auf ein kinderfreundliches Wohnobjekt und -umfeld *(vgl. Kapitel IV)*. Überschaubarkeit und Sicherheit im Umfeld sowie Individualität und Privatheit in der Wohnung und im Haus sind Grundvoraussetzung für ein entspanntes Leben mit Kindern. So ziehen relativ viele Haushalte mit der Familiengründung bzw. -erweiterung aus den Städten in das Umland. Dies gilt trotz der weit verbreiteten Präferenzen der Familien für innerstädtisches Wohnen. In der Vergangenheit haben Familien in großer Zahl die Stadt verlassen, weil es zu wenige familiengerechte Wohnangebote mit einem adäquaten Preis-Leistungs-Verhältnis in den Innenstädten gibt. Dementsprechend ist die Kinder- und Jugendlichenquote in der Regel in den Suburbanisierungsräumen größer als in den Kernstädten *(vgl. Karte 5, Karte 6 und Karte 7)*.

KARTE 5 | BEISPIELE FÜR STADTFLUCHTEN IM NORDEN DEUTSCHLANDS

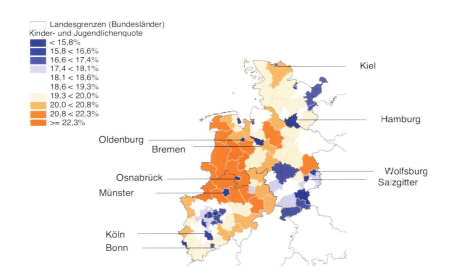

Beachte abweichende Skalierung im Vergleich mit Karte 6 und 7
Quelle: Statistisches Bundesamt, eigene empirica-Berechnungen

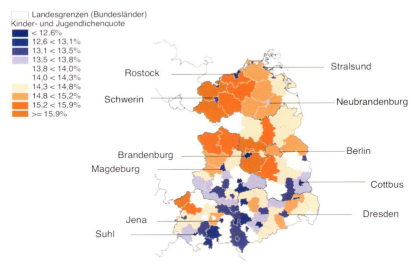

Beachte abweichende Skalierung im Vergleich mit Karte 5 und 7

Quelle: Statistisches Bundesamt, eigene empirica-Berechnungen

KARTE 7 | BEISPIELE FÜR STADTFLUCHTEN IM SÜDEN DEUTSCHLANDS

64

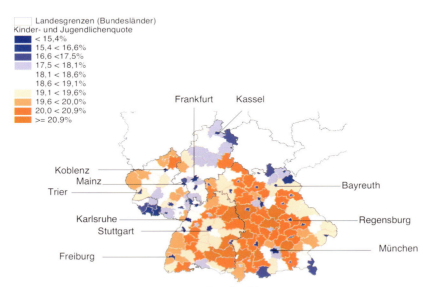

Beachte abweichende Skalierung im Vergleich mit Karte 5 und 6

Quelle: Statistisches Bundesamt, eigene empirica-Berechnungen

Die typischen Wanderungen der Familien zeigen, dass Kommunalpolitik durchaus Relevanz haben kann im Hinblick auf die Attraktivität für Familien mit Kindern. Dies wird bestätigt durch den aktuellen Trend, dass, wenn innerstädtischen Recyclingflächen familiengerecht bebaut werden, eine Wanderung von Familien in die Städte erfolgt.

5. DIE FAMILIENFREUNDLICHEN RAHMENBEDINGUNGEN SIND REGIONAL SEHR UNTERSCHIEDLICH

5.1 Präferenzen der Familien für Wohneigentum

Mehr noch als andere Haushalte bevorzugen Familien das Ein-/Zweifamilienhaus[45] gegenüber einer Geschosswohnung *(vgl. Abbildung 13)*. Fakt ist, dass 60 % der (2-Eltern-) Familien in einem Ein-/Zweifamilienhaus (im Durchschnitt sind es 43 %) leben. Trotz der Widrigkeiten und der hohen finanziellen Lasten durch Kinder schaffen es Familien besonders häufig, Wohneigentümer zu werden *(vgl. Abbildung 15)*. Zu der relativ hohen Eigentümerquote bei den Familien hat in der Vergangenheit sicherlich auch die gezielte Förderung der Wohneigentumsbildung für Familien beigetragen, wie sie im sozialen Wohnungsbau üblich war. Diese spezifische Unterstützung wird künftig unter den Bedingungen allgemeiner Knappheiten in den öffentlichen Haushalten schwach bleiben. Sollen die Familien weiterhin günstige Chancen haben, Wohneigentum zu erwerben, dann müssen die Angebotsbedingungen vor allem durch eine familienfreundliche Baulandpolitik deutlich verbessert werden.

Sowohl die Ein-/Zweifamilienhausquoten wie auch die Eigentümerquoten fallen in den einzelnen Bundesländern sehr unterschiedlich aus *(vgl. Abbildung 14 und Abbildung 16)*. Die Rahmenbedingungen für Familienpräferenzen sind z.B. im Saarland, in Rheinland-Pfalz und in Niedersachsen sehr günstig. Ungünstige Rahmenbedingungen finden sich z.B. in den Stadtstaaten Hamburg und Berlin.

ABB. 13 | EIN-/ZWEIFAMILIENHAUSQUOTEN VERSCHIEDENER HAUSHALTSTYPEN

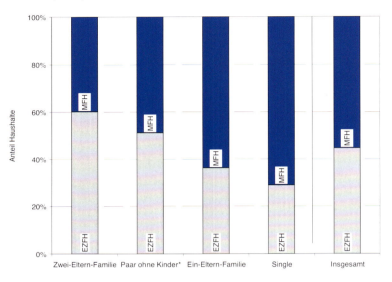

Anmerkung: * = Paar ohne Kinder oder Jugendliche im Haushalt. Stand 2002. Quelle: Statistisches Bundesamt, Mikrozensus

ABB. 14 | EIN-/ZWEIFAMILIENHAUSQUOTEN IN DEN BUNDESLÄNDERN

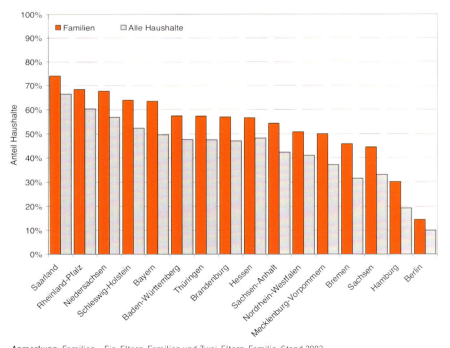

Anmerkung: Familien = Ein-Eltern-Familien und Zwei-Eltern-Familie. Stand 2002
Quelle: Statistisches Bundesamt, Mikrozensus

ABB. 15 | SELBSTNUTZERQUOTEN VERSCHIEDENER HAUSHALTSTYPEN

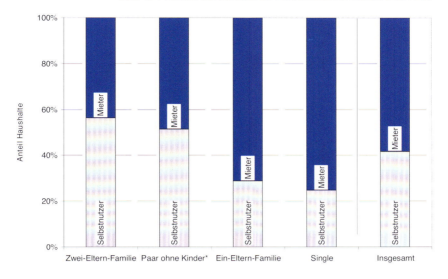

Anmerkung: * = Paar ohne Kinder oder Jugendliche im Haushalt. Stand 2002. Quelle: Statistisches Bundesamt, Mikrozensus

ABB. 16 | SELBSTNUTZERQUOTEN IN DEN BUNDESLÄNDERN

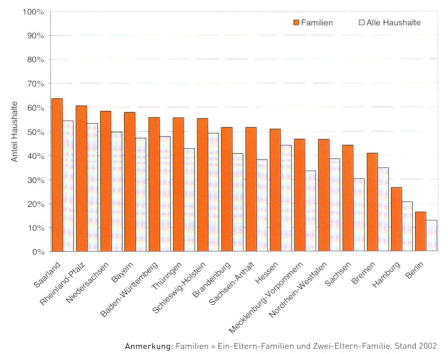

Anmerkung: Familien = Ein-Eltern-Familien und Zwei-Eltern-Familie. Stand 2002
Quelle: Statistisches Bundesamt, Mikrozensus

5.2 Eigentumsfreundlichkeit der Städte und Gemeinden

Die Präferenz der Familien für ein eigenes Haus bedeutet nicht automatisch, dass die im Umland üblichen Formen, wie Reihenhaus, Doppelhaushälfte bzw. frei stehendes Einfamilienhaus, auch in den Städten realisiert werden müssen, damit Familien hier wohnen bleiben bzw. zurückziehen. Es gibt verschiedene familienfreundliche Aspekte, die durchaus auch durch eine urbane verdichtete Bauweise realisiert werden können *(vgl. Kapitel IV)*. Generell ist beim Eigentumserwerb durch Familien zu berücksichtigen, dass das Geld knapper ist als bei Kinderlosen. Deswegen scheitern viele Familien an der Verwirklichung ihrer familiengerechten Wohnträume. Ob eine Region familienfreundlich im Sinne der Eigentumsfreundlichkeit ist, entscheidet sich u.a. beim lokalen Preisniveau: Die Kaufpreis-Einkommens-Relation zählt. Als familiengerecht sind solche Regionen anzusehen, in denen der Kaufpreis für ein Eigenheim nicht höher als das Vier- bis Fünffache des Jahresnettoeinkommens liegt.

Immobilienpreise, aber auch das Einkommen, unterliegen erheblichen regionalen Schwankungen. Mit demselben Einkommen kann man sich in verschiedenen Regionen ganz unterschiedliche Immobilien leisten. Auf der anderen Seite nützen niedrige Immobilienpreise dem jungen Ersterwerber wenig, wenn auch sein Einkommen unter dem Durchschnitt liegt. Damit drängt sich die Frage auf, inwieweit die Effekte niedriger oder hoher Immobilienpreise durch entsprechende Unterschiede in den Einkommen kompensiert bzw. konterkariert werden.

Ein bundesweiter Überblick über die Kaufpreis-Einkommens-Relationen in allen Landkreisen und kreisfreien Städten zeigt, wo Familien erschwingliche Ein- oder Zweifamilienhäuser finden können *(vgl. Karte 8 und Karte 9)*.[46] Dabei kann unterschieden werden zwischen den Relationen im Neubau einerseits und bei Bestandsimmobilien andererseits. Die regionalen Unterschiede sind bei beiden Immobilientypen strukturell ähnlich, allein die Niveaus unterscheiden sich. Insgesamt zeigen sich interessante Regionaleffekte: So sind Berlin und Potsdam trotz relativ niedriger Immobilienpreise nicht familienfreundlich. In Berlin muss man das 6- bis 8-fache Jahreseinkommen für ein neues Eigenheim aufbringen, in Potsdam sogar mehr als das 8-fache. Damit liegt Potsdam auf einer Ebene mit München und seinem Umland. Ganz andere Ursachen der ›Familienfeindlichkeit‹ finden sich im westlichen Rheinland-Pfalz: dort stehen eher durchschnittliche Einkommen vergleichsweise hohen Immobilienpreisen gegenüber (›Luxemburg-

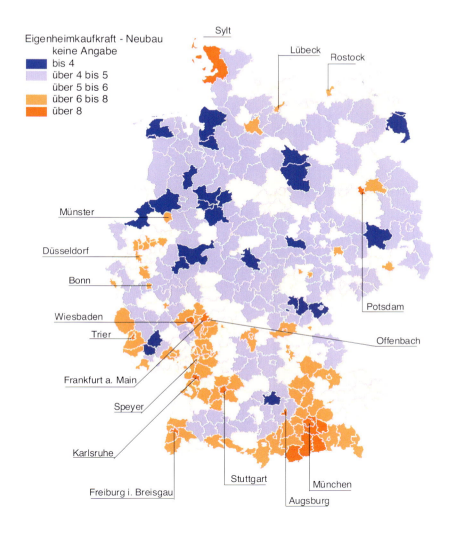

Eigenheimkaufkraft - Neubau
keine Angabe
- bis 4
- über 4 bis 5
- über 5 bis 6
- über 6 bis 8
- über 8

Sylt
Lübeck
Rostock
Münster
Düsseldorf
Bonn
Wiesbaden
Trier
Frankfurt a. Main
Speyer
Karlsruhe
Freiburg i. Breisgau
Stuttgart
Augsburg
München
Offenbach
Potsdam

Eigenheimkaufkraft = Kaufpreis eines Eigenheims bezogen auf das Haushaltseinkommen 2005/2006.
Wert = Median Kaufpreis/verfügbares Haushaltsjahreseinkommen
Anmerkung: Bei Eigenheimen handelt es sich um Ein-/Zweifamilienhäuser, Reihenhäuser und Doppelhaushälften.
Quelle: empirica-Preisdatenbank (IDN Ommodaten GmbH)

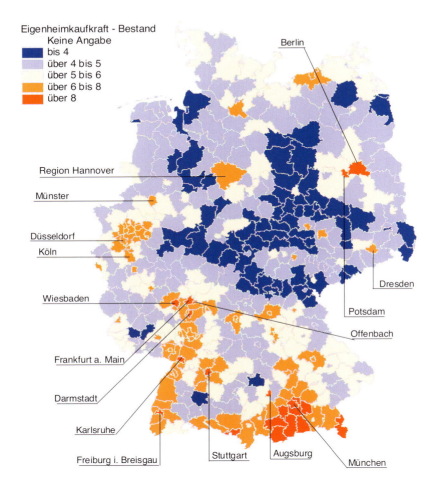

Eigenheimkaufkraft - Bestand
Keine Angabe
■ bis 4
■ über 4 bis 5
□ über 5 bis 6
■ über 6 bis 8
■ über 8

Berlin

Region Hannover

Münster

Düsseldorf

Köln

Dresden

Wiesbaden

Potsdam

70

Offenbach

Frankfurt a. Main

Darmstadt

Karlsruhe

Freiburg i. Breisgau Stuttgart Augsburg

München

Eigenheimkaufkraft = Kaufpreis eines Eigenheims bezogen auf das Haushaltseinkommen 2005/2006.

Wert = Median Kaufpreis/verfügbares Haushaltsjahreseinkommen

Anmerkung: Bei Eigenheimen handelt es sich um Ein-/Zweifamilienhäuser, Reihenhäuser und Doppelhaushälften.

Quelle: empirica-Preisdatenbank (IDN Immodaten GmbH)

Effekt‹). Dagegen fallen die niedersächsischen Regionen Braunschweig, Salzgitter und Wolfsburg durch eine günstige Kaufpreis-Einkommens-Relation auf: in allen drei Groß-städten zahlt man weniger als sechs Jahresnettoeinkommen für ein neues Eigenheim.

Für die Unterschiede der Einkommens-Kaufpreis-Relationen sind weniger die Einkom-mensdifferenzen verantwortlich. Stärker als die Einkommensdifferenzen variieren die Kaufpreise der Objekte, die wiederum in erheblichem Umfang durch das Bodenpreis-niveau bestimmt sind, das auf kommunale Angebotspolitik zurückgeht. Baulandpolitik bleibt wahrscheinlich für die Familienfreundlichkeit in der Stadt eines der zentralen Handlungsfelder.

71

IV. Anforderungen der Familien an Städte und Gemeinden [47]

1. FAMILIEN ARRANGIEREN SICH MIT GRUNDLEGENDEN BEEINTRÄCHTIGUNGEN

1.1 Familienglück versus Einschränkungen

Die Fallstudien zeigen deutlich, dass, wenn sich Eltern erst einmal für Kinder entschieden und ihren Wunsch realisiert haben, die Beeinträchtigungen, die das Familienleben mit sich bringt, zwar formuliert, jedoch für die meisten Eltern durch das Familienglück kompensiert werden. Eltern, vor allem Mütter, beschreiben die Familie als Intimgemeinschaft, in der sie sich geborgen und wohl fühlen. Wiederholt wird von Eltern formuliert, dass das Fundament der Familien auf Zuneigung, Liebe und einem grundsätzlichen Füreinander besteht. Insbesondere die allein erziehenden Mütter beziehen ihre Selbstachtung und ihren Stolz sowie Glücksgefühle aus der Stimmung ›Wir gegen den Rest der Welt‹. Der Rest der Welt wird nicht als feindlich, aber als anders, kälter und vor allem materialistischer orientiert oder oberflächlicher gesehen.

Den meisten Eltern ist bewusst, welchen Preis sie für das Familienglück zahlen, und sie nehmen die Lasten und Einschränkungen erstaunlich klaglos hin. Sie sehen die familienbedingten Belastungen als nahezu unvermeidbare Folge der Familiengründung. Eine grundlegende Kritik an unzureichenden Familienleistungen und Unterstützungen von Seiten der Kommune oder der Gesellschaft insgesamt werden kaum bzw. nur sehr schwach formuliert. Eltern arrangieren sich, Einkommens- und Konsumbeschränkungen werden als gegebenes Faktum kaum kritisiert. Eltern beklagen nicht den hohen Zeitaufwand, den sie für ihre Kinder aufbringen müssen, nicht zuletzt deshalb, weil diese Zeit mit den Kindern gemeinsam verbracht und in der Regel als Familienglück empfunden wird. Eltern fühlen sich allerdings überfordert durch die Zeitbeanspruchungen in Folge diffuser Raumbeziehungen (keine Koordinierung der Angebote für Familien) und die zeitliche Zersplitterung bei gezielt familienorientierten Leistungen wie Kinderkrippe, Kindergarten und Schule *(vgl. Kapitel IV. 3 und 4)*.

1.2 Familienglück – drei Beispiele

1.2.1 Familie J.: Ehepaar mit zwei Kindern

Familie J.: Ehepaar (32 und 34 Jahre) mit zwei Kindern (zwei und vier Jahre).
Familie J. lebt in einer Großstadt und hat vor einem halben Jahr ein neues Einfamilienhaus in einem innerstädtischen Neubaugebiet erworben.

Persönliche Lebenssituation und Einstellung zu Kindern

Herr J. ist Unternehmensberater. Frau J. ist seit Geburt als selbständige Kunsthistorikerin tätig. Sie organisiert für eine Firma ein bis zwei größere Ausstellungen im Jahr. Das monatliche Haushaltsnettoeinkommen liegt bei rund 6 000 Euro.

Frau J. stammt aus einer Familie mit drei Kindern und es war für sie von Anfang an eine Selbstverständlichkeit, eine Familie zu gründen. »Ein Kind zu kriegen ist das Natürlichste der Welt. Ich bin als Frau schließlich fruchtbar und habe damit die Fähigkeit zur Fortpflanzung. Ein Leben ohne Kinder kann ich mir einfach nicht vorstellen.« Bei der positiven Einstellung zur Mutterrolle spielen die guten Erfahrungen mit der eigenen Familie und die heute noch guten Beziehungen zu ihren Geschwistern eine Rolle.

Nach Abschluss des Studiums hat zunächst Frau J. das Geld für die Familie verdient. Zu diesem Zeitpunkt hat ihr Mann noch promoviert. Nach Abschluss der Promotion hat Herr J. eine feste Stelle in einem großen Beratungsunternehmen angenommen. Seine Berufstätigkeit ist mit vielen Reisen verbunden.

Das Management der Familie nimmt für Frau J. viel Zeit in Anspruch. Der Mann kann wenig im Haushalt bzw. bei der Kindererziehung helfen, weil er beruflich bedingt viel unterwegs ist. Frau J. hat sich mit einer Freundin so organisiert, dass einmal pro Woche nachmittags eine der beiden Mütter alle Kinder betreut. Dann hat eine Mutter einen Nachmittag frei. Ansonsten wird das Leben so organisiert, dass Frau J. vormittags, wenn ein Kind in der Tagesstätte ist und das andere Kind bei ihr zuhause, der Haushalt erledigt wird. Die Vorbereitung einer Ausstellung nimmt etwa 100 Stunden in Anspruch. Drei Monate, bevor die Ausstellung beginnt, arbeitet Frau J. sehr konzentriert, überwiegend am Vormittag, aber auch abends oder nachts. Der Nachmittag gehört vollständig den Kindern. »Am liebsten habe ich dann alles erledigt und kann mich ganz auf die Kinder konzentrieren. Das ist sehr zeitintensiv, aber ich will sie ja auch nicht ständig gängeln. Sie wollen und müssen ja auch etwas erleben. Sie bleiben stehen, trödeln und lernen dabei auch ganz wichtige Dinge.«

Für Frau J. ist es selbstverständlich, dass sie in den ersten Jahren persönlich die Betreuung der Kinder übernimmt und ihre vorherige Angestelltentätigkeit in einer Galerie aufgibt. Bei dieser Entscheidung spielte die Tatsache, dass ihr Ehemann mit seiner Beratertätigkeit viel mehr verdienen kann als sie in der Galerie, nur eine untergeordnete Rolle. Die ständige persönliche Nähe zu den Kindern ist ausschlaggebend. »Mit der Geburt des ersten Kindes ist ein Muttergefühl entstanden, das ich mir vorher gar nicht vorstellen konnte. Da ist eine wahnsinnige Liebe gewachsen.« Frau J. empfindet die Mutterrolle als sehr erfüllend. »Man gibt etwas weiter und lebt somit auf eine Art auch länger.« Einschränkungen werden nicht als solche empfunden. »Man hat die Kinder immer im Kopf. Das ist eine neue Verantwortung, und die trage ich gerne.«

Frau J. hat Kontakt zu Freundinnen, die den Karriereweg ohne Kinder eingeschlagen haben. Sie sieht sich weder in Konkurrenz, noch empfindet sie eine Benachteiligung im Vergleich zu ihren Freundinnen. »Meine beste Freundin will keine Kinder, weil ihr der Beruf sehr wichtig ist. In ihre Arbeit steckt sie all ihre Energie. In ihrer freien Zeit genießt sie dann die Ruhe und kann viel für sich machen. Das ist bei mir natürlich nicht mehr drin. Aber ich habe damit keine Probleme. Wir sind eben unterschiedliche Typen. Ich selbst hänge den Job nicht so hoch. Im Job ist man austauschbar, in der Familie nicht. Daher bereue ich es nicht, dass ich mich für die Familie mit sämtlichen Konsequenzen entschieden habe.«

Frau J. plant für die Phase, wenn die Kinder größer sind, wieder stärker in ihrem Beruf zu arbeiten. Dies ist u.a. ein Grund, warum sie jetzt als Selbständige, während die Kinder noch klein sind, im »Geschäft bleibt«. »In der Kunstwelt ist es wichtig, dass man Kontakte knüpft und soziale Netze aufbaut, sonst ist man weg vom Fenster.«

Verbesserungsvorschläge für eine familienfreundliche Stimmung

Frau J. ist es ein großes Anliegen, dass auf Mütter kein so großer Druck ausgeübt wird. »Es wird zu viel diskutiert, was Mütter machen sollten ... Man sollte Dinge viel natürlicher entscheiden und auch viel häufiger vom Bauch her.« Frau J wünscht sich » ... eine entkrampfte Diskussion über Frauen und Kinder. Ich wünsche mir, dass nicht so viel Druck auf die Frauen ausgeübt wird. Ich werde oft gefragt, was ich beruflich mache, und wenn ich dann sage Kinderbetreuung, sind die Reaktionen unterschiedlich, von ungläubig bis desinteressiert. Die meisten können nicht verstehen, dass ich als Kunsthistorikerin meine Zeit mit Kindern verbringe.«

1.2.2 Familie K.: Alleinerziehende mit drei Kindern

Familie K: Alleinerziehende Mutter (44 Jahre) mit drei Kindern (zehn, 17, 23 Jahre). Familie K. lebt in einem Dorf in der Nähe einer mittelgroßen Stadt.

Persönliche Lebenssituation und Einstellung zu Kindern

Frau K. stammt aus einer Familie mit drei Kindern. Ihre Kindheit war durch ein erhebliches Maß an Brutalität und durch hohe Belastungen geprägt. Der Vater war Trinker und hat gegenüber den Kindern ein sehr erratisches, auch von Gewalt geprägtes Verhalten an den Tag gelegt. Auch die Mutter war äußerst aggressiv und hat ihre Kinder regelmäßig und aus nichtigsten Anlässen geprügelt.

Das aggressive Verhalten des Vaters und die ständigen Prügelorgien der Mutter führten jedoch nicht zu Lethargie, Verzweiflung oder eigenem besonders aggressiven Verhalten. Frau K. zog nach der Lehre in ein kleines Dorf in Bayern, das sie aus den Ferien kannte. Dort wurde sie als Alleinstehende freundlich aufgenommen. »Das Dorf wurde mein zweites Zuhause. Alle waren nett zu mir, haben mich behütet und beschützt. Ich fühlte mich geborgen.« Frau K. hat in dem Dorf einen Partner gefunden, den sie heiratete. »In dem Dorf traf ich einen Jungen, der ungeheuer zärtlich war und meine Scheu und Ablehnung gegenüber Männern überwinden half. In dieser Atmosphäre war ich auch fähig zu heiraten. Ich wollte unbedingt ein Kind. Die Ehe mit dem Mann war nur von kurzer Dauer. Dann war ich auf mich gestellt und alleinerziehend.«

Frau K. hat dann einen neuen Partner gefunden, mit dem sie einige Zeit zusammenlebte. Beide waren berufstätig (Frau K. zunächst in der Fabrik, dann im Einzelhandel) und hatten ein gemeinsames Kind. Ein eigenes Haus mit einem Garten war ein Traum für Frau K. Sie hat ihr Einkommen in den Lebensunterhalt gesteckt, während das Einkommen ihres Partners für das Wohneigentum gespart wurde. Frau K. hat sich nach einem Haus umgesehen und auch ein finanzierbares gefunden. Allerdings kam es dann zur Trennung. Die Ersparnisse gehörten dem Mann, denn er hatte auf sein eigenes Konto gespart.

Frau K. ist dann noch eine dritte Partnerschaft eingegangen, allerdings ging auch diese Beziehung mit dem Vater ihres dritten Kindes in die Brüche: »Ich bin offensichtlich nicht dafür geeignet, dauerhafte Beziehungen zu haben.« Frau K. betont, dass sie auf keinen Fall von einem Mann abhängig sein möchte. So hat Frau K. immer ein gewisses Distanzgefühl zu den Partnern gehabt. »Meine Partner konnten nicht problemlos in die Vaterrolle oder Haushaltsvorstandsrolle hineinrutschen. Meine beiden ersten Partner hatten jeweils auch mit dem Problem zu kämpfen, dass es schon ein bzw. zwei Kinder gab.«

Es war immer selbstverständlich für Frau K., ihr Einkommen zum Wohle der Familie zu verwenden. Frau K. arbeitet seit einigen Jahren als Taxifahrerin. Sie hat feste Ausgabenpläne. Sie weiß, was jeden Monat an fixem Aufwand entsteht. Überschießende Beträge werden sorgfältig für unterschiedliche Zwecke zurückgelegt. Sie fängt damit im Januar an und legt jeden Monat einen bestimmten Betrag für das nächste Weihnachtsfest zurück. Sie spart auch Geburtstagsgeschenke für die Kinder oder die Urlaubsreise an. Alle wichtigen Zwecke haben einen kalkulatorischen Betrag, damit dann auch, wenn Urlaub oder Geburtstagsfeiern anstehen, Geld zur Verfügung steht. »Ich kann im Monat nur das ausgeben, was in diesem Monat verfügbar ist. Absoluten Vorrang haben die Rücklagen, die gebildet werden müssen, weil sonst die wichtigen Dinge im Ablauf des Jahres nicht richtig gefeiert oder finanziert werden können.«

Der Kinderwunsch war für Frau K. immer so stark, dass Ansprüche an einen höheren persönlichen Lebensstandard zurückgestellt wurden. Frau K. hat dies nie als Nachteil empfunden. Sie hat ihre Kinder auch so erzogen, dass sie keinen Wert auf »Modeklamotten« legen und nicht mit anderen Kindern in Modewettstreit treten. Frau K. hält das Kindergeld für ausreichend. Sie bringt ihre Kinder trotz der unzureichenden Unterstützung der Väter durch. Sie muss allerdings ein äußerst diszipliniertes und durchorganisiertes Leben führen, weil sie sonst ihre beruflichen Pflichten und ihre Pflichten als Mutter kaum erfüllen kann. Ihr gesamter Tagesablauf kreist um die Organisation des Familienlebens und die Unterstützung und Erziehung der Kinder. Auch bei der Wohnstandortwahl hat Frau K. sorgfältig darauf geachtet, in eine Nachbarschaft zu ziehen, in der es viele Familien mit Kindern gibt, und die durch geringe Verkehrsbelastungen, kleine Häuser und größere Grünflächen familienfreundlich ist. Sie hat dafür eine relativ dezentrale Lage in Kauf genommen.

Frau K. arbeitet nachts zwischen 19 und 2 Uhr, geht dann nach Hause. Sie schläft bis die Kinder aufstehen müssen, dann wird gemeinsam gefrühstückt. Die Kinder werden in die Schule gefahren. Anschließend geht Frau K. mit dem Hund spazieren, um sich zu entspannen und an der frischen Luft zu sein. Dann kommt sie nach Hause, schläft nochmals bis Mittag und wenn die Kinder aus der Schule kommen, ist die Wohnung aufgeräumt und meistens das Essen gekocht. Generell werden viele Aktivitäten, auch die Haushaltspflichten, gemeinsam mit den Kindern erledigt.

Frau K. hat ihr persönliches Leben, insbesondere das Zusammenleben mit ihren Kindern als kleine Intimwelt aufgebaut. »Ich bin eine glückliche Mutter. Ich bin sehr stolz auf meine Kinder und sehr glücklich darüber. Ein Leben ohne Kinder kann ich mir einfach nicht vorstellen, weil Kinder für mich Glück bedeuten.« Frau K. war immer berufstätig. Trotzdem gelang es ihr, immer hinreichend Zeit für ihre Kinder zu haben. »Meine Kinder sind mein Element und sie stehen bei mir an erster Stelle.« Zu ihren Kindern hat Frau K. ein äußerst intimes Verhältnis. Sie geht mit den Kindern sehr offen um. »Mein Erziehungsprinzip ist, die Kinder müssen ständig spüren, dass sie geliebt werden und dass sie wichtig sind und dass sie Anerkennung erfahren.« Frau K. setzt strenge Regeln durch, aber niemals im Sinne von Geboten und Verboten, sondern indem sie den Kindern eindringlich erklärt, warum bestimmte Regeln sein müssen und was sie erwartet. »Es ist gar nicht so schwer, strenge Autoritätsperson und zärtliche Mutter zu sein. Ich bin nie der Mensch, der rumschreit und mit Konsequenzen droht. Ich rede mit meinen Kindern. Es reicht mit ihnen zu reden. Man muss seinen Kindern Respekt zollen. Das große Paket Liebe, das ich ihnen gebe, hindert sie daran, Scheiße zu bauen.«

An den Wochenenden arbeitet Frau K. nicht. Dann ist sie voll für die Familie da. Sie genießt die Zeit mit ihrer Familie, vermisst keine Freunde oder persönliche Aktivitäten ohne ihre Kinder. Ihr ist es wichtig, dass auch unter der Woche genügend Zeit bleibt, z.B. um am Nachmittag mit den Kindern etwas zu unternehmen.

Für Frau K. sind Familie und Kinder der Ort, »an dem tiefe Gefühle und die Erfahrung von Geborgenheit und Zusammengehörigkeit entstehen«. Die Kinder ermöglichen Frau K. ein Leben voller warmer Emotionen.

Verbesserungsvorschläge für eine kinderfreundliche Stimmung

Frau K. hat mit ihren Kindern eine eigene Welt aufgebaut und sie ist sehr nach innen orientiert, weil sie ihre Umwelt insgesamt als sehr kinderfeindlich erlebt. Sie fordert eine familienfreundliche Atmosphäre. »Deutschland müsste kinderfreundlicher sein. Ich suche eine Anerkennung für mich als Mutter mit drei Kindern. Ich erwarte keine finanzielle Unterstützung, aber Verständnis für mein Leben.«

1.2.3 Familie H.: Ehepaar mit zwei Kindern

Familie H.: Ehepaar (29 und 38 Jahre) mit zwei Kindern (sieben Jahre und drei Monate)
Familie H. lebt in einer Großsiedlung der 1970er Jahre in einer Mittelstadt.

Persönliche Lebenssituation und Einstellung zu Kindern

Herr H. wollte schon immer Kinder. Da seine erste Ehe (zwölf Jahre zusammen lebend und davon acht Jahre verheiratet) kinderlos blieb, trennte sich das Paar. Nach der Trennung hatte Herr H. eine Wochenendbeziehung, aus der sein erster Sohn stammt. Dieses Kind war nicht geplant. Herr H. lebt nicht mit der Mutter seines ersten Sohnes zusammen, hat allerdings acht Monate nach der Geburt das vollständige Sorgerecht für seinen Sohn übernommen und fast zwei Jahre als allein erziehender Vater gelebt. »Das war eine harte Zeit.«

In der Zwischenzeit hat Herr H. wieder geheiratet. Mit seiner zweiten Ehefrau wünschte er sich ein weiteres Kind und dieser Wunsch ging auch in Erfüllung. Das Ehepaar ist sehr glücklich darüber. »Kinder gehören zum Familienglück dazu. Das ist das Schönste, was es gibt. Alle Männer, die keine Kinder haben wollen, sind in meinen Augen Weicheier! Ich höre von Kollegen immer wieder, dass sie nur Kinder wollen, wenn ihre Frauen bereit sind, den Haushalt und die Kinder ganz zu übernehmen. Die wollen keine Einschränkungen, sondern weiter ihre Hobbys pflegen, ihre Freiheit genießen.« Herr H. verbringt jede freie Minute mit seiner Familie, empfindet dies aber nicht als einschränkend. »Nach der Arbeit gehe ich nicht mehr mit den Kollegen aus, auch sonst bleibt mir keine Zeit für Hobbys. Aber ich muss sagen, ich vermisse auch nichts. Das Leben mit den Kindern ist für mich einfach beglückend.«

Herr H. hat eine Ausbildung im Einzelhandel gemacht und zunächst auch in seinem ursprünglichen Beruf gearbeitet. Seit viereinhalb Jahren ist Herr. H. Angestellter in einer Druckerei. Die familienunfreundlichen Arbeitszeiten im Einzelhandel waren für Herrn H. ausschlaggebend für den Berufswechsel. Er hat jetzt gleitende Arbeitszeiten.

Herr H. ist seit der Geburt des zweiten Sohnes in Elternzeit. Herr H. möchte nicht nur seine Frau unterstützen, sondern sich persönlich auch um das Baby kümmern. Außerdem möchte er viel Zeit mit seinem ältesten Sohn verbringen, damit dieser sich nicht zurückgesetzt fühlt. Herr H. hat ein sehr enges Verhältnis zu seinem älteren Kind. Verwandte und Bekannte, die zu Besuch kommen, macht er darauf aufmerksam, zuerst den Älteren zu begrüßen und erst dann zum Baby zu gehen. Herr H. ist sehr bemüht, dass sich alle Familienmitglieder wohl fühlen.

Finanziell kann sich die Familie die Elternzeit des Vaters leisten, weil Herr H. die letzten zwölf Monate aufgrund von Sonderzahlungen wie Urlaubs- und Weihnachtsgeld ein vergleichsweise hohes Nettogehalt hatte. Jedoch hat die Entscheidung für ein Kind nichts mit der Elterngeldregelung zu tun. »Aber wenn das Gesetz da ist, dann nutzt man das natürlich auch.«

2. FAMILIEN ERLEBEN SICH ALS DISKRIMINIERTE MINDERHEIT

2.1 Rücksichtslosigkeit gegenüber Familien

Familien wollen sich ›aufgehoben‹ fühlen, sie wünschen Anerkennung und Freundlichkeit. Im Alltag ist oft das Gegenteil der Fall. Familien empfinden Diskriminierung, weil Kinderlose sich ihnen gegenüber sehr rücksichtslos verhalten. Familien beklagen, dass sie in Geschäften und öffentlichen Verkehrsmitteln immer wieder ruppiges Verhalten oder Rücksichtslosigkeiten erleben und bei Kontakten in der Öffentlichkeit, mit den Dienstleistungseinrichtungen, oft wie eine ›Sonderlast‹ behandelt werden. Eltern berichten, dass sie bestimmte Stadtteile, in denen kaum Kinder wohnen, meiden.

Kinderlose nehmen nicht wahr, dass Eltern wegen der zusätzlichen Belastung oft unter Stress stehen. Allerdings haben Eltern in der Regel kein Lobbybewusstsein, so dass sie die empfundene Diskriminierung nicht allgemein als Vorwurf an die Gesellschaft und Politik formulieren, sondern nur bedauernd den zusätzlichen Druck, den sie durch andere empfinden, artikulieren.

Eltern erweisen sich in den Interviews – überspitzt formuliert – erstaunlich opferbereit. Wegen des emotional positiv empfundenen Innenlebens einer Familie ist die Bereitschaft, Erschwernisse nach außen zu artikulieren, sehr gering. Familien sehen in der Regel ihre Belastungen als ein fast naturgegebenes Ereignis, das sie alleine managen müssen.

2.2 Diskriminierungen im Alltag – typische Äußerungen von Familien

»Im Alltag erlebe ich immer wieder Ablehnung gegenüber Familien mit kleinen Kindern. Wenn wir z.B. in der U-Bahn sind und die Kleine wackelt nur mit den Beinen, dann richten sich 20 vorwurfsvolle Blicke auf uns.«

»Besonders stressig ist es, mit Kindern einkaufen zu gehen. Wenn ich an der Kasse stehe und die Süßigkeiten alle in Augehöhe der Kinder, dann geht es los: ›Mama kann ich dies, Mama kann ich jenes …‹. Wenn sie den Kindern nicht nachgeben und die dann anfangen zu quengeln oder gar zu weinen, dann hören sie Vorwürfe von anderen. Wir haben eine ganz andere Erfahrung gemacht, als wir in Thailand im Urlaub waren. Wenn wir da im Supermarkt waren und die Kinder wollten irgendetwas haben, dann haben uns die anderen unterstützt und nicht böse angestarrt. Man hat da einfach gemerkt, dass Kinder normal zum Alltag gehören.«

»Die Leute gucken einen komisch an, wenn man in Gebieten der Stadt ist, in denen nicht so viele Kinder leben. Dort helfen sie auch nicht, den Kinderwagen die Treppen in der U-Bahn nach oben zu tragen. Anders ist dies in Wohngebieten, in denen die Zahl der Kinder deutlich höher ist. Da ist das Milieu wesentlich kinderfreundlicher. Irgendjemand hilft immer.«

»In Wohnvierteln, in denen keine Kinder wohnen, fühle ich mich nicht wohl. Ich meide solche Orte.«

»Ich weiß oft nicht, was ich mit den Kindern machen soll. Die Nachbarn beklagen sich über den Lärm, wenn die Kinder in der Wohnung spielen. Draußen sollen sie sich auch nicht aufhalten. Wo sollen die Kinder denn spielen?«

»Ich wünsche mir mehr Unterstützung. In unserer Gesellschaft fehlen Kollektivwerte, in denen die Rolle der Mütter oder der Familien automatisch hoch bewertet und anerkannt wird. Es fehlen die kleinen emotionalen Unterstützungen, die zwischenmenschlichen Beziehungen im Alltag.«

3. ZEITARMUT IST DAS ZENTRALE PROBLEM DER FAMILIEN

3.1 Zeitliche Beanspruchungen einer Familie

Ein zentrales Ergebnis der vorliegenden Untersuchung[48] ist die hohe Zeitarmut der Familien. Zeitarmut wird stärker und intensiver erlebt als »Geldarmut«. Zeitstress prägt, ungeachtet der Einkommenssituation und des Bildungsstandes, das Alltagsleben der Familien. Allerdings ist die Zeitknappheit bei Eltern mit anspruchsvollen Berufen besonders ausgeprägt. In einer immer zeitärmeren Welt, die Flexibilität erwartet, können die zeitlichen Beanspruchungen durch Kinder sehr einschränkend wirken. Ansprüche nach individueller Gestaltung des eigenen Lebens und nach Autonomie stehen in fast kulturellem Widerspruch zu den Ansprüchen einer Familie.

Eltern leiden unter familienbedingtem Zeitstress, weil sie neben Beruf und verschiedenen anderen Verpflichtungen vor allem Zeit für die Kinder brauchen – Zeit als Ansprechpartner, Zeit als Aufsichts- und Kontrollperson, Zeit als Mitspieler, Zeit als Chauffeur. Die Zeitbeanspruchung durch Kinder ist ständig aufwändiger geworden, weil die Freizeitaktivitäten der Kinder zunehmen und sie z.B. mehr in der Gegend herumgefahren werden müssen. Dementsprechend sind Familien angewiesen auf gute Einbindungen in die jeweilige Nachbarschaft, bequeme Einkaufsmöglichkeiten, günstige Verkehrsanbindungen. Sie haben ein Interesse daran, dass sich Kinder autonom und ungehindert in der Nachbarschaft bewegen können, weil sonst ihre Aufsichtszeiten zunehmen. Außerdem wünschen die Eltern für sich und ihre Kinder möglichst viel Selbständigkeit (auch ein sich selbständig in der Nachbarschaft Bewegen der Kinder) ohne Angst und Sorge. Daraus ergeben sich konkrete Anforderungen an die Nachbarschaft *(vgl. exemplarische Fallstudien in Kapitel IV. 5.2).*

Die Zeitarmut hat gravierende Folgen für die persönliche Lebenssituation der Eltern. So beklagen viele Eltern, dass sie für sich selbst und ihre Partnerschaft zu wenig Zeit haben. Die zeitliche Beanspruchung durch Kinder führt auch zur Verarmung der Kontakte mit Freunden und Verwandten. Die Kinderlosen separieren sich, die Familien bilden eigene Intimgruppen. Die Zeitarmut des Elterndaseins auf der einen Seite und die Neigung die Zeit, die verbleibt, eher mit Familien zu verbringen, führen zu einer Isolierung der Familien gegenüber Kinderlosen. Fast alle Familien berichten, dass Beziehungen zu ›alten‹ Freunden, etwa aus der Schulzeit, deutlich zurückgehen. Das trifft insbesondere zu, wenn es sich um kinderlose Haushalte handelt. Durch die hohe Zeitbeanspruchung sind auch Freizeittätigkeiten, wie Kino-, Theater- oder Restaurantbesuch mit Freunden, deutlich reduziert.

3.2 Zeitarmut – drei Beispiele

3.2.1 Familie A.: Hoher Managementaufwand für die Familie

Familie A: Alleinerziehende Mutter (42 Jahre) mit drei Töchtern (zwischen sieben und 16 Jahren). Familie A. lebt in einem kleinstädtisch geprägten Ortsteil einer Großstadt in einem gemieteten Einfamilienhaus.

Frau A. lebt als Witwe mit ihren drei Töchtern zusammen in einem gemieteten Einfamilienhaus. Die Familie lebt von Witwen-/Halbwaisenrente und Kindergeld. Zusätzlich trägt Frau A. als Freiberuflerin (Archivarbeit) in Teilzeit auf 400-Euro-Basis zum Haushaltseinkommen bei.

Frau A. stammt aus einer traditionell kinderreichen Familie. Die Kinderfrage stand für sie nie zur Diskussion. Frau A. könnte ohne Unterstützung ihrer Familie, die in der Nähe lebt, als Alleinerziehende ihre drei Kinder nicht betreuen. »Mein Leben als Witwe mit drei Kindern ist nur lösbar, weil ich ein privates Netz habe, meine eigene Familie. Ich bin hier hingezogen, weil ich hier meine Wurzeln habe und die Eltern im Hintergrund, die auch Kosten für die Kinder übernehmen.«

Nach dem Tod ihres Mannes lebte Frau A. mit einem Partner zusammen, der der Vater ihres dritten Kindes ist. Sie hat sich von dem Vater ihres jüngsten Kindes getrennt, weil er die Verantwortung für die Kinder nicht übernehmen wollte. »Es gibt keine Männer, die drei Kinder gleichberechtigt mit der Mutter erziehen wollen. Jedenfalls habe ich keinen gefunden.«

Um den Alltag der Familie A. zu organisieren, ist ein relativ hoher Managementaufwand notwendig. Die beiden älteren Kinder gehen in eine fünf Kilometer entfernt gelegene Gesamtschule mit einem großen Einzugsbereich (drei Landkreise) und einer dementsprechenden räumlichen Verteilung der Freundinnen. Auch die Freizeiteinrichtungen und die speziellen Kurse, die die Kinder besuchen, liegen weit entfernt, so dass Frau A. die Kinder zum Teil nicht alleine mit dem Fahrrad fahren lässt. Die Chauffeurdienste für die Kinder erfordern ein ständiges Jonglieren der Mutter. Täglich investiert Frau A. drei bis vier Stunden für die Fahrten der Kinder, rund 500 – 600 km pro Monat sind allein an Transportleistungen notwendig. »Oft weiß ich nicht mehr, wo ich welches Kind gelassen habe, und muss auf den Kalender schauen, um es herauszufinden. Mein Terminkalender sieht aus wie bei einem Manager.« Regelmäßige Fahrdienste, die Frau A. übernimmt, sind z.B. für die jüngste Tochter mit dem Auto zur Schule (bei schlechtem Wetter) bzw. begleitend mit dem Fahrrad, ein Mal die Woche zum Ballet (20 km Entfernung), an einem anderen Nachmittag zum Schwimmen, drei bis vier Mal die Woche eine Fahrt zu den wichtigsten Freundinnen, die vier Kilometer entfernt wohnen. Die beiden älteren Töchter holt Frau A. ein Mal die Woche von den Pfadfindern in der Stadt ab (abends), zusätzlich eine Tochter ein Mal pro Woche zum Musikunterricht und die andere Tochter zur Gymnastik. Für die beiden älteren Töchter organisiert Frau A. darüber hinaus zwei Mal die Woche einen Schreibmaschinenunterricht[49] (inkl. Fahrdienst), damit sie das 10-Finger-System richtig lernen. Dieser Fahrdienst ist notwenig, weil der Termin des Schreibmaschinenkurses zeitlich nah am Schulschluss liegt. Frau A. fährt ihre älteste Tochter ein Mal die Woche in eine Diskothek und holt sie auch wieder ab (durchschnittliche Entfernung 15 km). Sie nimmt auch regelmäßig an Elternabenden teil und übernimmt die gesamte Hausarbeit für die vierköpfige Familie, im Durchschnitt vier Stunden pro Tag. »Meine Töchter kann ich bei der Hausarbeit nicht einbeziehen. Durch die Beschäftigung außerhalb der Schulzeit bleibt zu wenig Energie für eine Unterstützung im Haushalt.«

Ein Problem ist, dass die Kinder zu ganz unterschiedlichen Zeiten nach Hause kommen, oft auch ungeplant. »Plötzlich fällt nachmittags Unterricht aus und dann stehen die Kinder auf der Matte und wollen ihr Essen haben.« Die Öffnungszeiten der Bildungseinrichtungen sind nicht koordiniert. Die Ferienwochen, in denen die Betreuung in der Schule und in Vereinen nur sehr eingeschränkt angeboten wird, stellen – vor allem bei jüngeren Kindern – eine besondere Herausforderung dar. »Bei dem Ferienproblem muss man mit kleinen Kindern ständig improvisieren und kann nur hoffen, dass die Kinder älter werden und sich dann alleine beschäftigen.«

Frau A. versucht schon jetzt, für die Lebensphase, wenn die Kinder aus dem Haus sind, eine berufliche Karriere aufzubauen. Die Familienpflichten nehmen jedoch viel Zeit in Anspruch und sind unplanbar, so dass nur eine Tätigkeit mit einem hohen Maß an Flexibilität in Frage kommt. Hierbei steht sie in Konkurrenz zu anderen Frauen, die zeitlich flexibler arbeiten können. Die freiberufliche Tätigkeit, die Frau A. zurzeit als geringfügig Beschäftigte ausübt, bietet eine relativ freie Zeiteinteilung, bringt aber auch einige Nachteile mit sich – kein Weihnachtsgeld, kein bezahlter Urlaub und langfristig eine erschwerte berufliche Integration. »Ich habe Angst vor dem Vakuum, das entsteht, wenn die Kinder das Haus verlassen. Das ist u.a. auch ein Grund, warum ich wieder mit dem Arbeiten angefangen habe. Meine Berufstätigkeit ist natürlich auch finanziell notwendig, soll aber auch dem Aufbau einer beruflichen Karriere für mein Leben nach 50 dienen. Das ist allerdings sehr schwierig, weil ich so viel Familienzeit brauche. Ich kann nur eine flexible Arbeit annehmen, die relativ unattraktiv ist.«

Zwei Freundinnen von Frau A. haben keine Kinder und machen erfolgreich Karriere. Sie haben ein deutlich höheres Einkommen und können sich viel mehr leisten. Trotzdem ist Frau A. zufrieden, weil sie das Familienglück sehr hoch bewertet. Generell hat sie keine Vorurteile gegenüber Kinderlosen, denen es materiell besser geht. »Diejenigen, die keine Kinder haben, können sich natürlich viel mehr leisten. Aber durch meine Kinder bin ich glücklicher als die.«

Verbesserungsvorschläge für eine Erleichterung des Familienmanagements

Entlasten könnte aus Sicht von Frau A. der *Führerschein für Jugendliche ab 16 Jahren*, so dass die älteren Kinder die Wege selbst bewältigen und Bring- und Abholdienste für jüngere Geschwister übernehmen könnten.

Zur Vermeidung von Fahrten und zugunsten der Übersichtlichkeit der Termine insgesamt schlägt Frau A. eine bessere *Koordinierung der Unterrichtszeiten* (z.B. Schulbeginn) vor. »Die Gesamtschule beginnt um 7 Uhr 50 und die beiden Größeren müssen um 7 Uhr 20 das Haus verlassen, die Jüngste muss erst um 7 Uhr 40 los. Auch die Heimkehrzeiten sind unterschiedlich.«

Frau A. sähe auch eine deutliche Verbesserung ihres Alltagslebens, wenn die Schulen *den ungeplanten Unterrichtsausfall kompensieren* und nicht die Folgelasten bei den Familien abladen würden.

Eine große Hilfe wäre aus Sicht von Frau A eine *bessere schulische Unterstützung*. Sie beklagt, dass die Schule zu wenig motiviert. »Zwei meiner Kinder sind von allein motiviert. Die andere ist ziemlich faul und hat wenig Lust zum Lernen, da muss ich ständig hinterher sein, weil die Schule es nicht schafft, sie zu motivieren. Gut die Hälfte der Lehrer erfüllt ihre Rolle nicht. Die sind fertig mit der Welt und machen nur noch das Nötigste. Vor allem die Lehrer in den Naturwissenschaften, insbesondere der Mathematiklehrer. Der gibt Unterricht nach der Methode: ›Vogel friss oder stirb – wenn du es nicht verstehst, ist das dein Problem‹. Ich muss dann die Folgen ausbaden.« Ein anderes Problem ist die starke Nutzung von Fernseher und Computerspielen. Frau A. versucht das Fernsehen und das Spielen mit dem Computer zu kontrollieren (Dauer und auch Partner, mit denen die Kinder chatten dürfen). Da die Eltern der Freunde dies nicht regeln, gerät Frau A. ständig unter Druck und wünscht sich hier Unterstützung durch die Schule.

Frau A. fordert eine *familienfreundliche Orientierung der Medien*, z.B. wissenschaftliche und politische Sendungen für Kinder. »So etwas sollte ausgebaut werden, damit ich nicht ständig die Nachrichten übersetzen und erklären muss.« Aus Sicht von Frau A. könnten hier auch die Schulen unterstützend sein. »Die Schulen machen das nicht zu einem speziellen Thema und tun so, als ginge sie das nichts an.«

3.2.2 Familie R.: Zeitliche Beanspruchungen durch Kinder

Familie R.: Ehepaar (40 und 42 Jahre) mit drei Kindern (fünf, zehn und zwölf Jahre)
Familie R. lebt in einer Großstadt in einem Vierfamilienhaus.

Frau R. ist ausgebildete Bibliothekarin, arbeitet jedoch seit der Geburt des ersten Kindes nicht mehr. Herr R. ist Angestellter in einem großen Unternehmen der Computerbranche. Für Frau R. war immer klar, dass sie Kinder wollte. »Warum ich Kinder habe? Was ist das für eine Frage? Ich kann mir ein Leben ohne Kinder gar nicht vorstellen.« Frau R. hat, bevor das erste Kind auf die Welt kam, vier Jahre in ihrem Beruf gearbeitet. Für sie war es selbstverständlich, dass sie mit der Geburt des ersten Kindes ihren Beruf aufgibt. Frau R. hat ihren Beruf gerne ausgeübt, kann aber, seit die Kinder auf der Welt sind, aus zeitlichen Gründen nicht mehr arbeiten. Auch eine Teilzeitbeschäftigung kommt aufgrund der hohen Beanspruchung durch die Kinder nicht in Betracht.

Herr R. verlässt morgens um 6 Uhr 30 das Haus und Frau R. steht dann mit den Kindern auf. Sie hat ihre Kinder so selbständig erzogen, dass sie sich selbst ihr Frühstück machen. »Das Frühstück können die sich alleine machen, auch die Pausenbrote. Die Fünfjährige will auch keine Hilfe mehr. Trotzdem kann ich nicht im Bett liegen bleiben, wenn meine Kinder aufstehen. Meine Aufgabe ist, zu gucken, dass alles gut klappt.« Die beiden großen Kinder gehen alleine zur Schule, die älteste Tochter zum Gymnasium und der Sohn in die Grundschule. Frau R. begleitet ihre jüngste Tochter zum Kindergarten. Sie verlässt das Haus um 7 Uhr 40 und benötigt etwa 20 Minuten bis zum Kindergarten. Auf dem Rückweg erledigt Frau R. Verschiedenes. Um 12 Uhr muss sie ihre Tochter wieder vom Kindergarten abholen. Zwei Mal die Woche geht die jüngste Tochter auch nachmittags in den Kindergarten. Frau R. bringt sie dann um 14 Uhr hin und holt sie um 16 Uhr wieder ab. Somit verbringt Frau R. zwei Mal die Woche fast drei Stunden mit dem Hinbringen und Abholen vom Kindergarten (vier Mal hin und vier Mal zurück).

Die beiden älteren Kinder kommen um 14 bzw. 15 Uhr nach Hause. Frau R. bereitet für mittags nur eine Kleinigkeit zum Essen vor, wobei die jüngste Tochter an zwei Tagen nicht mit ihren Geschwistern isst, weil sie vorher schon in den Kindergarten gehen muss. Nach dem Mittagessen machen die älteren Kinder ein bis zwei Stunden Hausaufgaben. Frau R.

beaufsichtigt die Hausaufgaben. Die ersten vier Jahre hat sie neben ihrer älteren Tochter gesessen und die Hausaufgaben mit ihr gemeinsam gemacht. Bei dem Sohn hat sie die intensive Betreuung nur für ein Jahr übernommen. Während der Hausaufgabenzeit steht sie allerdings für beide Kinder zur Verfügung, um zu helfen, wenn Fragen auftauchen. Die jüngste Tochter spielt, während die älteren Geschwister Hausaufgaben machen, alleine in ihrem Zimmer.

Die Zwölfjährige geht zwei Mal die Woche (zukünftig drei Mal) in ein Leistungszentrum zum Schwimmen. Frau R. bringt sie mit dem Auto hin und holt sie auch wieder ab. Sie benötigt für je eine Fahrt etwa 30 Minuten, fährt allerdings zwischendurch nach Hause, weil das Schwimmen insgesamt zwei Stunden dauert (17–19 Uhr). Der Sohn geht auch zwei Mal die Woche zum Schwimmen. Er wird von der Mutter mit dem Auto hingebracht und abgeholt (etwa 15 Minuten Fahrzeit). Frau R. kann die kleine Tochter nicht alleine zuhause lassen, so dass sie sie immer bei den Chauffeurdiensten begleitet. Die drei Kinder der Familie R. spielen Tennis, die älteste Tochter drei Mal die Woche, der Sohn zwei Mal und die jüngste Tochter ein Mal. Die Kinder werden mit dem Auto zum Tennis gebracht (Fahrzeit 15 Minuten). Das Tennisspielen ist so organisiert, dass die Kinder zur gleichen Zeit spielen (samstags die beiden älteren, sonntags alle drei Kinder, zusätzlich die älteste Tochter noch montags). Ein Mal die Woche fährt Frau R. ihre Tochter zum Chor (15 Minuten Fahrzeit). Der Sohn fängt jetzt an, Gitarre zu spielen, auch da ist ein Fahrdienst notwendig.

Abends kocht Frau R. für die Familie und muss, wenn die Kinder im Bett sind, noch einiges im Haushalt erledigen. Es bleibt keine Zeit für Freizeit oder um Freunde zu treffen. Frau R. berichtet, dass sie kaum noch Kontakte zu ihren Freundinnen hat. Bei zweien ihrer ehemaligen Freundinnen spielt auch der Karrierewunsch eine Rolle. Die beiden haben keine Kinder und wohnen berufsbedingt in anderen Städten. »Die Freundschaft zu meinen ehemaligen Freundinnen, die keine Kinder haben, ist mehr oder weniger in die Brüche gegangen. Dabei spielt nicht nur mit, dass ich wenig Zeit habe, es gibt auch kaum noch gemeinsame Interessen. Mein Alltag ist dermaßen durch die Kinder geprägt, dass ich z.B. nur noch wenig lese, kaum ins Theater gehe.«

Familie R. wohnt in einem Vierfamilienhaus. In dem Haus wohnen drei Familien mit je drei Kindern und eine ältere Dame. Die ältere Dame hat die Rolle einer »Ersatzoma« übernommen. Zum Beispiel geht die jüngste Tochter öfters zu der älteren Dame und spielt mit ihr. Familie R. schätzt die Familiendichte in ihrem Wohnhaus, weil sich das ein oder andere gemeinsam mit den anderen Eltern organisieren lässt. Zum Beispiel konnte Frau R., als ihre beiden älteren Kindern in den Kindergarten gingen, sich die Fahrdienste mit einer anderen Mutter teilen, deren Kinder im gleichen Alter sind.

Auf die Frage nach möglichen Verbesserungen zwecks Erleichterung des Familienlebens antwortet Frau R. »Ich habe mir das Leben mit Kindern selbst ausgesucht. Das ist mein Traum und alles, was meine Kinder zusätzlich machen, wie z.B. Schwimmen und Tennis spielen, das sind Dinge, die haben wir uns selbst aufgelastet, weil ich das als sehr wichtig für meine Kinder ansehe und diese auch großen Spaß daran haben. Ich habe die Familienrolle gewählt und bin eigentlich auch sehr zufrieden damit.«

3.2.3 Familie S.: Jonglieren zwischen Beruf und Familie

Familie S.: Ehepaar (45 und 48 Jahre) mit zwei Kindern (acht und zehn Jahre)
Familie S. lebt in einer Kleinstadt in einem Einfamilienhausgebiet

Herr S. arbeitet in einer leitenden Funktion. Frau S. ist Ärztin und hat seit einem Jahr gemeinsam mit einem Kollegen eine Praxis.

Die Kinderfrage stand bei Familie S. nie zur Diskussion. Allerdings war dem Ehepaar auch immer klar, dass der Karrierewunsch beider Eltern schwer mit einem Leben mit Kindern zu vereinbaren ist. Frau S. hat sich nach der Geburt der Kinder überwiegend um die Kindererziehung und den Haushalt gekümmert. Sie hat dann ein Jahr nach der Geburt der Kinder wieder angefangen, in Teilzeit zu arbeiten. Die frühe Wiederaufnahme der Berufstätigkeit hat Frau S. trotz hoher Zeitprobleme auf sich genommen, damit sie beruflich nicht den Anschluss verliert. Nach der Geburt der Kinder hat Familie S. in den ersten Jahren sehr viele Dienstleistungen eingekauft und Herr S. hat seine Frau immer im Haushalt unterstützt.

Als besonders stressig hat Familie S. die Lebensphase empfunden, in der die Kinder sehr

89

klein waren (0–3 Jahre). Herr S. hat anfangs sehr viel nachts gearbeitet. Ein normaler Arbeitstag war für ihn nicht möglich, weil er auch Wert auf eine Karriere gelegt hat. »Ich habe jetzt eine Führungsposition in meinem Unternehmen. Allerdings habe ich mir diese Stellung hart erkämpft. Ich habe mir viele Nächte mit der Arbeit um die Ohren geschlagen und auch in der Familie gab es viele Auseinandersetzungen mit meiner Frau.« Bei den Auseinandersetzungen des Ehepaars ging es meistens darum, dass sich Frau S. beklagte, dass sie viel mehr Zeit für die Familie aufbringen muss als ihr Mann. Das Jonglieren zwischen Familie und beruflicher Karriere hat sie besonders mitgenommen. »Ich habe viel mehr Zeit in die Kinder investiert als mein Mann. Trotzdem hatte ich ständig Angst, dass ich nicht genug für die Kinder da bin. Gleichzeitig habe ich aber auch – wie mein Mann – hohe Ansprüche an meinen Beruf. Ich habe nicht umsonst so lange studiert. Und ich muss sagen, ich war die ersten Jahre, bevor die Kinder zur Welt kamen, auch sehr erfolgreich und glücklich in meinem Beruf.«

Das Ehepaar S. hat in den ersten Jahren nach der Geburt der Kinder ganz auf Freizeit verzichtet. »Sich mit Freunden treffen, ausgehen, z. B. ins Theater oder Kino, das war bei uns alles nicht mehr drin. Bei uns stehen Familie und Beruf an erster Stelle. Der Freizeitverzicht war einfach notwendig, anders wären unser Familienleben und der Beruf nicht zu meistern gewesen.«

Herr S. hat sich in der Zwischenzeit einen kompletten Arbeitsplatz zuhause eingerichtet und mit dem Unternehmen geklärt, dass er zuhause arbeiten kann. Herr S. übernimmt relativ viele Fahrdienste für die Kinder (z. B. Musikunterricht für den Sohn nachmittags oder Ballettunterricht für die Tochter), so dass er an zwei Tagen in der Woche nur halbtags im Büro ist. Die Tätigkeit von Herrn S. erlaubt eine flexible Einteilung, so dass er auch öfters mal in ungeplanten Situationen für die Kinder da ist. »Auch heute noch, wo die Kinder groß sind, entstehen immer wieder Situationen, wo einer von uns zuhause sein muss, z. B. wenn ein Kind sehr krank ist.« In der Zwischenzeit arbeiten beide Partner Vollzeit. Weniger die finanzielle Situation als vielmehr die beruflichen Interessen spielen eine Rolle. So geht fast ein Gehalt in Kinderbetreuung und sonstige Dienstleistungen, die eingekauft werden müssen.

Familie S. hat keine Verwandtschaft in der näheren Umgebung, das ist unter anderem ein Grund, warum sie sich relativ früh nach einem neuen Einfamilienhausgebiet umgesehen haben. Sie haben bewusst ein Wohngebiet gewählt, in dem viele junge Familien leben. »Hier leben viele Familien mit Kindern. Das erleichtert unser Alltagsleben. Nicht nur, dass wir uns gegenseitig helfen; es ist so auch viel leichter möglich, dass die Kinder selbstständig Freundschaften schließen.«

4. FAMILIENSTRESS WIRD DURCH DIFFUSE RAUMBEZIEHUNGEN VERURSACHT

Das Familienleben bedeutet im wahrsten Sinne des Wortes eine zusätzliche Belastung, wobei der Familienstress im Wesentlichen durch diffuse Raumbeziehungen verursacht wird. Die diffusen Raumbeziehungen ergeben sich aus dem Zusammenleben von zwei Generationen und den darauf nicht ausgerichteten familienorientierten Angeboten. Eltern und Kinder haben unterschiedliche Aktivitätsmuster, die von den Schul- und Arbeitspflichten bis hin zu den Freizeitgewohnheiten reichen. Jedes Kind hat nicht nur entsprechend seiner Altersstufe, sondern auch aufgrund unterschiedlicher Interessensorientierungen seine eigenen räumlichen Beziehungen zum Rest der Welt.

Die Raumbeziehungen sind zum Teil auf die Nachbarschaft orientiert, zum großen Teil aber auch notgedrungen weit über diese hinaus. Neben den schulischen Angeboten gibt es musische Aktivitäten, diverse Sportarten und Kontakte zu anderen Kindern und Familien. Kinder, vor allem kleine, können nicht ohne weiteres mit öffentlichen Verkehrsmitteln, Fahrrad oder zu Fuß die verschiedenen Bezugspunkte erreichen. Dies ist ein wesentlicher Grund für den Familienstress *(Repräsentativbefragung: geringste Übereinstimmung von Wunsch und Realität im Hinblick auf verkehrssichere Wege, vgl. Kapitel IV. 6.2.2)*.

Die Abwicklung der verschiedenen Raumbeziehungen wird zu einem zentralen Problem, vor allem wenn in der Familie zwei und mehr Kinder leben. Es ist keine Seltenheit, dass z.B. in einer Drei-Kinder-Familie die Mutter Chauffeurleistungen übernimmt, die zu bis zu 20 unterschiedlichen Kontaktpunkten führen *(vgl. Abbildung 17)*.

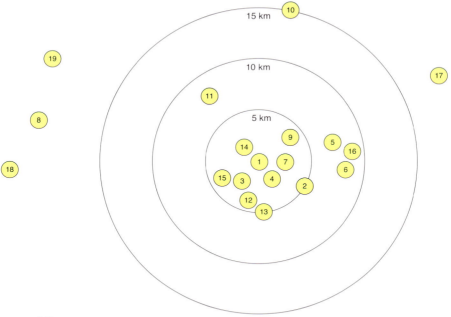

Erläuterung der räumlichen Beziehungen

1. Wohnhaus

2. Gesamtschule: Kind mit dem Bus, gelegentlich Mutter als Chauffeurin

3. Grundschule: Jeden Tag Begleitung des Kindes (Mutter) mit dem Fahrrad bzw. Auto (Wetter)

4. Musikschule: Kind ein Mal wöchentlich in Begleitung der Mutter mit dem Auto

5. Pfadfinder: Kind Hinfahrt mit dem Bus, abends Abholung durch Mutter mit dem Auto

6. Gymnastik: Kind ein Mal wöchentlich in Begleitung der Mutter mit dem Auto

7. Konfirmandenunterricht: Kind mit dem Fahrrad

8. Ballettunterricht: Kind ein Mal die Woche in Begleitung der Mutter mit dem Auto

9. Hallenbad: Kind ein Mal die Woche in Begleitung der Mutter mit dem Auto (keine öffentlichen Verkehrsmittel)

10. Diskothek: Kind ein Mal die Woche in Begleitung der Mutter mit dem Auto hin und zurück

11. Wohnort einer Freundin eines älteren Kindes: Kind regelmäßig mit dem Fahrrad

12. Wohnort einer Freundin eines jüngeren Kindes: Kind 3-4 Mal die Woche in Begleitung der Mutter mit dem Auto

13. Wohnort einer Freundin eines älteren Kindes: Kind zwei Mal pro Woche mit dem Fahrrad

14. Freundin in der Nachbarschaft: Kind regelmäßig zu Fuß

15. Freundin in der Nachbarschaft: Kind regelmäßig zu Fuß

16. Angebot für Sprachtherapie: Kind ein Mal die Woche in Begleitung der Mutter mit dem Auto

17. Besondere Sportangebote: Kind ein Mal die Woche in Begleitung der Mutter mit dem Auto

18. Wohnort der Großeltern: Kinder mehrfach in der Woche in Begleitung der Mutter mit dem Auto

19. Spezialärzte: Gelegentlich im Jahr Kind in Begleitung der Mutter mit dem Auto

Quelle: empirica Recherche und Darstellung

5. NACHBARSCHAFTEN HABEN FÜR FAMILIEN EINE ZENTRALE BEDEUTUNG

5.1 Erleichterung bzw. Erschwernisse der Alltagsorganisation

Nachbarschaften haben für Familien eine große Bedeutung, weil sie in ihrer Alltagsbewältigung auf Einrichtungen und Kontakte im Nahumfeld angewiesen sind. Die familien- und kinderfreundlichen Anforderungen an die Nachbarschaft haben vor allem mit der ›Zeitarmut‹ der Familien zu tun und beziehen sich dementsprechend auf die verschiedenen Aspekte, die die Alltagsorganisation betreffen.[50]

- **Funktionale Organisation des Wohngebäudes und des Wohnumfeldes:** Dabei geht es um eine Erleichterung des Alltagslebens mit Kindern *(vgl. exemplarische Fallstudien in Kapitel 5.2.1, 5.2.2 und 5.2.4)*. Das betrifft z.B. die Entfaltungsmöglichkeiten im Wohnumfeld, Aspekte der Sicherheit und Flexibilität entsprechend dem Alter der Kinder und praktikable Abstellmöglichkeiten *(vgl. Kapitel 6.1 und 6.2)*.

- **Privatsphäre in der Wohnung/im Haus und private Freiflächen:** Dabei geht es um Rückzugsmöglichkeiten (Erholung vom Familienstress), Vermeidung nachbarschaftlicher Konflikte und privat nutzbare Freiflächen wie z.B. einen Garten, in dem kleine Kinder ohne Aufsicht spielen können *(vgl. exempl. Fallstudie in Kapitel 5.2.3 und Kapitel 6.1)*.

- **Gute (verkehrssichere) Erreichbarkeit von Betreuungs-, Bildungs- und Freizeitangeboten:** Die gute Erreichbarkeit verschiedener Angebote, die für Familien relevant sind, ist wichtig, damit zusätzliche Zeitbelastungen vermieden werden können *(vgl. Kapitel 6.3)*.

- **Qualität von Betreuungs-, Bildungs- und Freizeitangeboten:** Insbesondere die Schule ist ein wichtiges Auswahlkriterium für den Standort, mit der Folge, dass Eltern oft vor der Einschulung ihres Kindes umziehen *(vgl. exempl. Fallstudien in Kapitel 5.2.5 und 5.2.6 und Kapitel 7)*.

- **Nähe zu anderen Familien in der Nachbarschaft:** Eine hohe Familiendichte hat den Vorteil, dass viele Hilfeleistungen informell und gegenseitig gemanagt werden können. So können z.B. Fahrdienste für viele Kinder organisiert werden *(vgl. exempl. Fallstudien in Kapitel 5.2.1 und 5.2.2)*. Durch die Nähe kinderfreundlicher Angebote in der Nachbarschaft (z.B. Spielplätze) bieten sich Möglichkeiten für die Kontaktaufnahme. Auch der wohnortnahe Kindergarten erleichtert den Aufbau sozialer Netzwerke gegenseitiger Hilfe.

5.2 Lebensalltag in der Nachbarschaft – sechs Beispiele

5.2.1 Familie J.: Familienfreundliche Standort- und Objektwahl

Familie J.: Ehepaar (32 und 34 Jahre) mit zwei Kindern (zwei und vier Jahre).
Familie J. lebt in einer Großstadt und hat vor einem halben Jahr ein neues Einfamilienhaus in einem innerstädtischen Neubaugebiet erworben.

Stress in der Etagenwohnung

Bis vor einem halben Jahr hat Familie J. in einer Altbauwohnung auf der dritten Etage gewohnt. Kinderfreundlich war die Etagenwohnung, weil sie eine große Terrasse hatte und sich das Familienleben auf einer Ebene abspielen konnte. Frau J. sah allerdings auch verschiedene Nachteile, z.B. der Sicherheitsaspekt bei einer Terrasse. »Ich musste ständig aufpassen, wenn die Kinder auf der Terrasse waren. Ich hatte Angst, dass sie beim Spielen mal einen Hocker nehmen und hinunterfallen.« Ein weiterer Nachteil bei der Etagenwohnung war das Einkaufen mit den Kindern. »Das war immer Stress für mich. Parkplatz suchen, der dann weit von der Wohnung entfernt war, Einkäufe und Kinder aus dem Auto holen und sie dann sicher durch den Verkehr nach Hause bringen. Das kostet Kraft und Nerven.«

Standortwahl: Sicherheit für die Kinder im Wohnumfeld

Bei der Auswahl des Einfamilienhauses spielte der Standort eine große Rolle. Das erworbene Haus liegt direkt neben einem Park, der sehr weitläufig und gepflegt ist. »Dieser Park ist eine grüne Oase und die Kinder haben hier die Möglichkeit, sich zu bewegen und ihre Energie auszuleben.« Als kinderfreundlich sieht Familie J. das gewählte Neubaugebiet, weil es als ein geschlossenes Ensemble nur von Anliegern befahren wird. »Ein weiterer wichtiger Aspekt ist die Wohnstraße, die nur für Anlieger ist. So können die Kinder hier spielen und mit ihren Bobby-Cars umher fahren.«

Familie J. hat dieses Wohnquartier auch gewählt, weil es umzäunt und am Eingang in absehbarer Zeit ein Büro für einen Portier eingerichtet wird. Eine solche ›gated community‹ sieht Familie J. an dem zentral gelegenen Standort als sinnvoll an, weil direkt an das Wohnquartier eine sehr stark befahrene Straße grenzt und die Umgebung insgesamt sehr urban und öffentlich ist.

Entscheidungskriterium für den Standort: Hohe Familiendichte

Ein weiterer Entscheidungsgrund für das gewählte Wohngebiet ist die ›Familiendichte‹. »Es ist insgesamt toll, dass hier so viele Kinder wohnen, irgendjemand meinte neulich, dass es an die 150 Kinder in der direkten Nachbarschaft sind.« Die Nähe von jungen Familien mit Kindern wird als unterstützend empfunden. »Das Spielen mit anderen Kindern, die Aufsicht der kleinen Kinder, wenn sie im nahen Wohnumfeld spielen und die Organisation gegenseitiger Hilfen lassen sich hier leicht organisieren.«

Erleichterung des Alltagslebens: Anfahrtmöglichkeit mit dem Pkw

Die Einkaufsmöglichkeiten in direkter fußläufiger Nähe waren kein ausschlaggebendes Kriterium bei der Haussuche. Aus Sicht von Frau J. kann mit dem Auto viel kompensiert werden. Allerdings war die Möglichkeit, direkt vor dem Haus parken zu können, ein wichtiges Auswahlkriterium, weil damit die Organisation des Einkaufs mit kleinen Kindern erleichtert wird. »Ich kann erst in Ruhe die Kinder aus dem Auto holen und sie die Treppe hinauf bringen. Von dem höheren Niveau an der Eingangstür können sie sehr gut zugucken, wenn man die Einkäufe auspackt und die Sachen ins Haus bringt, und ich brauche keine Angst zu haben, dass sie vor ein Auto rennen.«

Schule als Auswahlkriterium

Obwohl die Kinder noch sehr klein sind, spielte bei der Auswahl des Standortes die Schule eine große Rolle (Wahlmöglichkeit). Im Wohngebiet gibt es private und konfessionelle Schulen, deren Angebot sehr attraktiv ist, z.B. bieten sie mehrsprachigen Unterricht.

Familiengerechte Organisation des Wohngebäudes

Bei der Suche nach einem geeigneten Haus hat Familie J. insbesondere auf die Kinderfreundlichkeit des Hauses geachtet:

- Direkter Zugang im Erdgeschoss von der Küche und dem Essbereich zum Wohnzimmer und zum Garten: Der Garten ist durch eine Mauer begrenzt. Der Garten als »offener und geschützter Lebensraum« wird für kleine Kinder als sehr positiv eingeschätzt. »Es ist einfach schön, dass man den Erfahrungsraum der Kinder um das Kennenlernen von Pflanzen und Tieren im eigenen Garten so erweitern kann«. Insbesondere mit kleinen Kindern, deren Bewegungsdrang noch nicht so groß ist, bietet der Garten einen sicheren Spielplatz.

- Großräumige Eingangssituation im Haus: Die Eingangssituation ist flächenmäßig so groß, dass hier ein Einbauschrank, der den Alltag mit Kindern erleichtert, untergebracht werden kann. »Also hier wird ein Schrank eingebaut, damit die vielen Kleidungsstücke für Winter und Sommer, also Mäntel, Jacken, Schuhe, Stiefel usw. verstaut werden können. Das Ganze soll so organisiert werden, dass die Kinder über Schubfächer Zugang haben und schon sehr früh lernen, sich selbst anzuziehen.«

- Viele, insgesamt sieben Zimmer: Je ein Arbeitszimmer für Frau und Herrn J., ein Elternschlafzimmer, ein Hauswirtschaftsraum und einen Wohn- und Küchenbereich. Es gibt zwei Kinderzimmer, wobei eines zurzeit als Spielfläche und das andere als gemeinsames Kinderschlafzimmer genutzt wird. Später, wenn die Kinder größer sind und ihren eigenen Rhythmus brauchen, besteht die Möglichkeit, die Zimmer als getrennte Kinderzimmer zu organisieren.

- Verteilung der verschiedenen Wohnbereiche auf drei Etagen: »Ein Chaos, wie wir es in der Etagenwohnung hatten, ist vermeidbar. Da lagen die Spielsachen auf dem Arbeitstisch, Schuhe im Wohnzimmer usw. Außerdem haben wir jetzt durch die etagenweise Trennung der Bereiche mehr Privatsphäre im Haus.«

  – Der Erdgeschossbereich wird eher als öffentlicher Bereich, in dem das Familienleben inkl. des Besuchs von Freunden stattfindet, empfunden.

  – Auf der ersten Etage ist das Arbeitszimmer für Frau J. (auch als Gästezimmer genutzt) und ein Kinderzimmer, das gleichzeitig als Spielzimmer dient. Hier besteht für Frau J. die Möglichkeit, während sie arbeitet, die Kinder im Spielzimmer zu beobachten. Außerdem liegt hier der Hauswirtschaftsraum mit Waschmaschine.

  – Auf der zweiten Etage ist das Arbeitszimmer von Herrn J. benachbart zu dem Kinderzimmer, das als Schlafzimmer genutzt wird, untergebracht. Wenn Herr J. zuhause ist, arbeitet er eher abends, und kann dabei die schlafenden Kinder beobachten.

  – Die oberste Etage ist der Schlafbereich für die Eltern inklusiv einem großem Bad. Von dieser Etage aus ist es auch möglich, die Kinder, die eine Etage tiefer schlafen,

Vorteile des Landlebens für Kinder

Im Dorf selbst leben zurzeit mehrere Kinder, insgesamt sind es 17 Kinder zwischen vier und zwölf Jahren. Die Kinder wachsen in dem Dorf sehr frei und selbständig auf, sind sehr kreativ und häufig draußen. »Das ist der große Vorteil hier gegenüber der Stadt. Die Kinder können alle ihre Spielsachen draußen vor der Tür liegen lassen oder auch hinten auf der Wiese. In der Stadt musst du alles gleich wieder mitnehmen. Als wir letztens bei den Cousins in Berlin waren, haben wir die Erfahrung gemacht, dass man erstmal das ganze Spielzeug zum Spielplatz mitnehmen muss und dann zusehen muss, dass man alles wieder mitbekommt. Das ist hier nicht so und ich schätze den Freiraum, den die Kinder hier genießen.« Als besonders negativ ist Frau F. aufgefallen, dass es in der Stadt an Abstellmöglichkeiten für das Kinderspielzeug fehlt. »Die Familien in der Großstadt tun mir leid, weil sie allein aus Platzmangel auf viele Spielgeräte verzichten müssen.«

Soziales Netzwerk gegenseitiger Hilfe

Im Alltag unterstützen sich die Eltern der Kinder im Dorf gegenseitig. Die Organisation, z. B. von Fahrgemeinschaften, ist überaus wichtig, aber auch eine Selbstverständlichkeit im Ort. »Man muss sich auf dem Land ja unbedingt organisieren, sonst sitzt man hier nur auf dem Sofa oder auch nur im Auto. Um den Kindern auch ein vielfältiges Freizeitangebot bieten zu können, z. B. Klavierunterricht, Fußballtraining, auch mal ins Kino oder ins Schwimmbad, oder aber auch seine eigene Berufstätigkeit fortführen zu können, ist es eben sehr bedeutsam, sich mit anderen Eltern abzusprechen, wer welche Kinder wann wohin bringt und wo eben wieder abholt oder etwas gemeinsam mit den Kindern unternimmt.« Es erfolgt alles auf informeller Basis. Die Eltern kennen sich vielfach bereits lange, aus der Schule oder sind gemeinsam aufgewachsen.

Nach der Schule gibt es bei Familie F. jeden Tag ein Mittagessen. Auch andere Kinder, deren Eltern berufstätig sind, kommen hin und wieder, um bei Familie F. mittags zu essen. Es ist Frau F. sehr wichtig, dass mittags, wenn die Kinder aus der Schule kommen, ein Ansprechpartner da ist. Die Großmutter kocht häufig und die Kinder können sich dort nach der Schule austauschen und werden betreut.

Die familiären und nachbarschaftlichen Unterstützungsnetze sind hier sehr eng gestrickt. Das Wohnen mehrerer Generationen unter einem Dach funktioniert, sofern auch ein gewisser Abstand eingehalten wird. »Mir ist es sehr wichtig, dass unsere Oma eine eigene

Wohnung hat, in die sie sich zurückziehen kann und auch wir unsere eigenen Rückzugs-
bereiche haben, wie hier bei uns im Obergeschoss. Es ist bei uns nicht so, dass alles
zusammenbrechen würde, wenn die Oma mal nicht da ist. Teilweise ist sie auch bei den
anderen Kindern bzw. Enkelkindern, die weiter weg in größeren Städten leben. Dann
greifen wir auch auf die Unterstützung der Nachbarschaft zurück. Die Kinder können dort
z.B. mittags auch mal essen.«

Besondere Rolle der Sportvereine im ländlichen Raum

Insbesondere die Sportvereine sind sehr bedeutend für den Alltag im ländlichen Raum.
Vor allem der Fußballverein spielt eine herausragende Rolle. Die Mannschaften setzen
sich zusammen aus Kindern der ganzen Dörfer drum herum, die dann in der nächst
größeren Gemeinde eine Fußballmannschaft bilden. Die freiwillige Arbeit mit den Kindern
ist sehr wichtig. Herr und Frau F. sind da persönlich nicht engagiert, weil sie keine Zeit
haben, sind aber sehr dankbar, dass es Leute gibt, die die Traineraufgaben übernehmen.

Orientierung der Schule an den Anforderungen der Familie

In der Regel fahren die Kinder mit dem Schulbus zur Schule und kommen mit dem
Schulbus auch wieder nach Hause. Um die Alltagsorganisation der Familien zu erleichtern, wurde z.B. die Chorprobe in die sechste Stunde gelegt, damit den Kindern die
Rückfahrt nach Hause mit dem Schulbus noch ermöglicht wird. Auf diese Weise werden
die Eltern entlastet. Es ist nicht nötig, die Kinder nochmals mit dem Auto zur Schule zu
bringen und wieder abzuholen. Da die Busse auf den Schülerverkehr konzentriert sind,
fahren sie nachmittags nur noch selten.

5.2.5 Familie B.: Umzug mit Schuleintritt des Kindes

Familie B.: Ehepaar (30 und 35 Jahre) mit zwei Kindern (sieben und vier Jahre alt)
Familie B. lebt in einer Großstadt in einem Hochhaus in einer Großsiedlung.

Schule als Standortfaktor

Familie B. ist vor zwei Jahren wegen des anstehenden Schulantritts des Sohnes umgezogen. Im Einzugsbereich der alten Wohnung gab es eine Grundschule, die im Hinblick auf Qualität und vor allem, was den Ausländeranteil betrifft, nicht den Anforderungen der Familie entsprach. Herr B. hat sich vor der neuen Standortwahl umfassend über die Schulangebote in anderen Stadtteilen erkundigt. Die Auswahl der möglichen Standorte war aus finanziellen Gründen beschränkt (Wohnungsgröße mindestens vier Zimmer, möglichst 120 m^2, maximal 800 Euro Warmmiete).

Auswahlkriterium: Ganztagsunterricht mit besonderem Betreuungskonzept

Familie B. hat sich für eine Schule entschieden, die einen sehr guten Ruf und verschiedene Auszeichnungen hat. Familie B. hat besonders der Reformansatz mit Ganztagsunterricht (8–16h), jahrgangsübergreifenden Lerngruppen und individueller Betreuung bei Lernschwierigkeiten gefallen. Auch der Betreuungsschlüssel (zwei Lehrer und ein Erzieher für 21 Kinder) hat zur Schulwahl beigetragen. »Mein Sohn soll einmal das erreichen können, was bei mir nicht geklappt hat. Weder meine Frau noch ich haben studiert. Für unseren Sohn wollen wir auf alle Fälle die Voraussetzungen für ein Studium schaffen.« Der Ganztagsunterricht ist für Familie B. allein schon deshalb wichtig, damit ihr Sohn professionell bei der Hausaufgabenbetreuung unterstützt wird. Die Eltern sehen sich selbst aufgrund ihres Bildungsweges nicht in der Lage, ihren Sohn zu unterstützen. »Es gefällt uns natürlich, dass nach Schulschluss um 16 Uhr auch wirklich Feierabend ist. Zuhause muss er keine Hausaufgaben mehr machen, die machen sie schon am Nachmittag in der Schule. So sind wir uns sicher, dass unser Sohn pädagogisch gut unterstützt wird. Das könnten wir mit den hohen Ansprüchen, die es heute gibt, wenn man mal erfolgreich sein will, gar nicht leisten. Dieser Ganztagsunterricht ist vor allem für das Familienleben gut. Es gibt weniger Streitigkeiten und wir können am Nachmittag Freizeit miteinander verbringen.«

Auswahlkriterium für die Schule: Maximal 50% Ausländer

Ein weiteres wichtiges Auswahlkriterium war der Anteil nicht deutschsprachiger Kinder. »Aus meiner Sicht sollten 50% nicht überschritten werden. Ich bin ja multikulti, aber wenn der Anteil höher als 50% ist, dann wird auch auf dem Schulhof nur türkisch gesprochen. Dann kommt es ganz schnell zu einer ungesunden Dominanz und zu Ausschlussverhalten. Ich erlebe das ja auch auf dem Fußballplatz. Dort habe ich viel mit Kindern zu tun, deren Eltern kaum Deutsch sprechen und auch mit ihren Kindern nicht.«

Elternlernmittelfonds

Positiv bewertet Familie B. den Elternlernmittelfonds. Die Eltern bezahlen alle sechs Monate 50 Euro ein, von diesem Geld kauft die Schule das Lehrmaterial. »Für uns ist das sehr wichtig, da so verhindert wird, dass der eine einen Spiderman- oder Sponge-Bob-Füllfederhalter hat und der andere nur einen normalen.«

Familie B. schätzt auch, dass die Schule den Kontakt zu den Eltern sucht. Die Klassenlehrerin hat zu Beginn der Schulzeit Hausbesuche gemacht, um zu sehen, wie die Kinder leben und in welcher Familie sie aufwachsen. Herr B. glaubt, dass aufgrund dieses »Einstiegs« der Kontakt sehr unkompliziert verläuft.

5.2.6 Familie W.: Umzug von einer Großstadt in eine Mittelstadt

Familie W.: Ehepaar (38 und 40 Jahre) mit drei Kindern (sieben, neun und 15 Jahre alt)
Familie W. hat vorher in einer Großstadt in einem Achtfamilienhaus gelebt und ist dann in ein Reihenhaus in einer Mittelstadt im Umland gezogen.

Konflikte mit älteren Nachbarn im Geschosswohnungsbau

Familie W. ist vor zwei Jahren wegen Konflikten mit älteren Bewohnern in der Nachbarschaft und der unbefriedigenden Situation in der Schule der Kinder in die Wohnsiedlung gezogen, in der sie heute lebt. Es handelt sich um eine Reihenhaussiedlung in einer Mittelstadt. Familie W. hat ein Reihenhaus gemietet. Am vorherigen Standort gab es ständig Konflikte. Ältere, kinderlose Mieter haben sehr sensibel auf Kinderlärm reagiert und sich ständig beschwert. Deshalb hat sich Familie W. für ein Wohngebiet entschieden, in dem es viele Kinder gibt und in dem das Leben mit Kindern von daher als normal und nicht als störend eingeschätzt wird. Das Wohngebiet wurde so gewählt, dass die Kinder mehr Freiheiten haben, sich auszutoben. Ein weiterer Grund, warum die Familie umgezogen ist, war die Betreuung in der Schule und der hohe Ausländeranteil. »Ganz wichtig war uns die Schule. Hier gibt es pro Klasse nur einen Ausländer. Vorher war der Ausländeranteil in der Schule unseres Sohnes bei 80%. Außerdem wird der Lernstoff hier besser vermittelt. In den Klassen sind z.T. nur 20 Schüler.«

Unterstützung durch die Schule

Als unterstützend empfand Familie W., dass sich die Schule auch um die Kinder kümmert. »Die Betreuung der Kinder ist hier gewährleistet. Wenn mal eine Stunde ausfiel, dann wussten die Kinder in der Schule, in der sie vorher waren, nicht, wo sie hingehen sollten. Ich war berufstätig, also standen die Kinder vor der Tür oder sind irgendwo herumgestromert. Wenn hier bei unserer Tochter oder unserem Sohn mal eine Stunde ausfällt, dann kümmert sich die Schule um die Kinder.«

6. FAMILIEN STELLEN KONKRETE ANFORDERUNGEN AN DIE NACHBARSCHAFT

6.1 Haus/Wohnung

6.1.1 Konkrete Anforderungen an Haus/Wohnung

Im Hinblick auf die Kinder- und Familienfreundlichkeit des Hauses/der Wohnung gibt es bei den Haushalten eine große Übereinstimmung *(vgl. Abbildung 18).*[51] In der Bedeutung ganz oben steht die Privatsphäre (von rund 90% der Familien als besonders relevant angesprochen). Familien assoziieren mit Privatsphäre in der Regel das Eigenheim als kinderfreundliche Bauform im Unterschied zur Geschosswohnung, die eher als konfliktreich eingestuft wird.[52] Weil auf der Etage größere Abstellmöglichkeiten fehlen, werden Spielgegenstände im Treppenhaus abgestellt, was zu Problemen mit kinderlosen Nachbarn führt. Auch Lärmbelästigung, häufig bedingt durch innerfamiliäre Konflikte, verursacht nachbarschaftliche Konflikte. Kinder streiten sich, Eltern streiten sich über Kinder, Kinder streiten mit Eltern. Das alles geht nicht ohne einen gewissen Lärmpegel ab. Hinzu kommen die unterschiedlichen Zeitrhythmen. Kinder werden z.B. besonders aktiv am Sonntagnachmittag, wenn sie sich morgens schon gelangweilt haben, während die Nachbarn schlafen wollen. Aus diesem Grund schätzen Eltern insgesamt das Eigenheim als besonders familienfreundlich und viele ziehen spätestens mit der Geburt des zweiten Kindes um (von der Etagenwohnung ins Eigenheim).

Für fast 90% der Familien sind die hausnahen Abstellmöglichkeiten eine zentrale Anforderung an Haus/Wohnung. Kinder haben Fahrräder, Skateboards und sonstige Spielgeräte, für die unbedingt Platz benötigt wird. Über 80% sehen in der Anfahrmöglichkeit mit dem PKW vor die Wohnung einen wichtigen Aspekt, weil sich nur so ein stressfreies Einkaufen mit Kindern managen lässt. Die Parkmöglichkeit vor dem Haus/der Wohnung wird auch als wichtige Voraussetzung gesehen, allerdings wird dieser Aspekt nicht so hoch eingeschätzt wie die Anfahrmöglichkeiten.

Rund 80 % der Befragten wünschen Sichtkontakt zu den Aufenthalts- und Spielbereichen von Kindern sowie private Freiflächen. Der Sichtkontakt zu Aufenthalts- und Spielflächen ist relevant, damit Kinder, sobald sie etwas größer sind, auch in Sicherheit die weitere Nachbarschaft erkunden können. Die private Freifläche in Form eines Gartens oder einer Terrasse hat den Vorteil, dass man kleinere Kinder beim Spielen beaufsichtigen kann, während man parallel z.B. mit dem Management des häuslichen Alltags beschäftigt ist. Hoch bewertet wird auch die Möglichkeit des individuellen Rückzugs (für gut 80 % relevant), weil dieser im Hinblick auf die zeitliche Belastung und den kinderbedingten Stress einen Ausgleich bietet.

Die Anzahl der Zimmer spielt eine noch größere Rolle als die Wohnungsgröße. Es ist eine gewisse Anzahl von Zimmern (bei Familien mindestens vier Zimmer und am liebsten sechs und mehr) notwendig. Während bei der Wohnungsgröße allein schon aus finanziellen Aspekten Grenzen gesetzt sind, ist eine möglichst variable Bandbreite der Zimmerzahl ein Muss, weil sich so der Alltag besser organisieren lässt. So sind z.B. für kleinere Kinder weniger Zimmer notwendig (gemeinsames Zimmer für zwei Kinder), während mit dem Heranwachsen der Kinder eine Trennung gewünscht ist. Die Anzahl der Zimmer ist nicht allein durch die Anzahl der Kinder festgelegt. Es spielt auch eine Rolle, inwieweit ein bzw. beide Elternteile berufsbedingt ein Arbeitszimmer benötigen. Je nach finanzieller Ausstattung sind zusätzlich Gästezimmer bzw. die alternative Nutzung der Arbeitszimmer als Gästezimmer gewünscht.

Die Zuschnitte der Zimmer (Grundrisse) werden von gut 70 % der Familien als eine relevante Anforderung gesehen. Der Grundriss spielt auch im Hinblick auf die Erleichterung der Alltagsorganisation eine Rolle. Fast 80 % wünschen individuelle Gestaltungsmöglichkeiten, weil sie sich von anderen Familien unterscheiden wollen. Aber auch Individualität im Hinblick auf Anpassungen der Wohnsituation an unterschiedliche Lebensphasen ist gewünscht.

ABB. 18 | ANFORDERUNGEN VON FAMILIEN AN HAUS/WOHNUNG

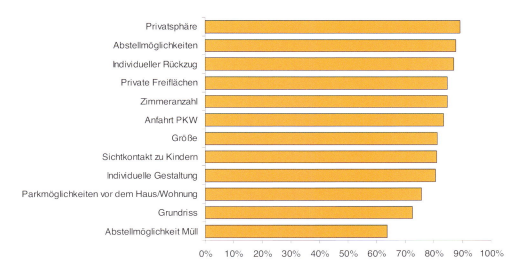

Quelle: Bundesweite Repräsentativbefragung der Wüstenrot Stiftung

6.1.2 Wunsch und Wirklichkeit in Hinblick auf Haus/Wohnung

Insgesamt sind Familien mit dem Haus/der Wohnung sehr zufrieden. 80 % vergeben die Note sehr gut bzw. gut und nur 2 % die Noten mangelhaft bzw. ungenügend *(vgl. Abbildung 19)*. Es ist aus verschiedenen Studien bekannt, dass Haushalte ihre persönlichen Lebensbereiche relativ positiv bewerten, weil sie sich nicht gerne eingestehen, dass sie eventuell eine falsche Wahl getroffen haben. Aus diesem Grunde wurde bei der vorliegenden Studie im Rahmen der Fallstudien geprüft, inwieweit die hohe Zufriedenheit mit dem Haus/der Wohnung der Realität entspricht. Es hat sich gezeigt, dass Familien sehr intensiv und lange ihr Wohnobjekt unter dem Gesichtspunkt der Kinderfreundlichkeit suchen. Sie gehen nur in Notfällen (überwiegend finanzielle Aspekte) eine Kompromisslösung ein. Dennoch wird trotz hoher Zufriedenheit auch Detailkritik geäußert. Diese bezieht sich auf den einen oder anderen Aspekt der als relevant eingestuften Anforderungen *(vgl. Abbildung 18)*.

ABB. 19 | BEWERTUNG DER KINDER- UND FAMILIENFREUNDLICHKEIT DES HAUSES/DER WOHNUNG

Frage: Bitte bewerten Sie jetzt noch einmal insgesamt die Kinder- und Familienfreundlichkeit Ihrer Wohnung bzw. Ihres Hauses. Vergeben Sie für Ihre Bewertung bitte eine Schulnote von 1 = sehr gut bis 6 = ungenügend.

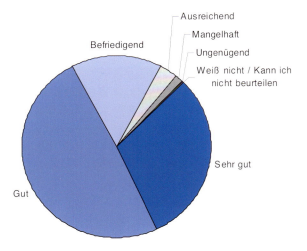

Anmerkung: Basis: Alle Befragten
Quelle: Bundesweite Repräsentativbefragung der Wüstenrot Stiftung

Bei Familien decken sich Wunsch und Wirklichkeit bei den Anforderungen an das Haus/ die Wohnung weitgehend *(vgl. Abbildung 20)*. Bezüglich fast aller Anforderungen, die aus Sicht der Familien wichtig sind, wird auch eine Zufriedenheit geäußert. Anforderungen und Zufriedenheit mit der persönlichen Wohnsituation klaffen nur bei dem Kriterium ›Abstellmöglichkeiten für Mülltonnen im Wohnungseingang‹ auseinander. Die Zufriedenheit ist diesbezüglich mit 90 % sehr hoch, während die Relevanz dieses Aspektes niedriger ist (wird von etwa 60% der Befragten als wichtige Anforderung formuliert).

Frage: Ich nenne Ihnen nun eine Reihe von Anforderungen, die Familien an
ein Haus oder eine Wohnung richten können. Sagen Sie mir bitte, wie wichtig diese Kriterien
aus Ihrer Sicht grundsätzlich sind bzw. wie zufrieden Sie damit sind.

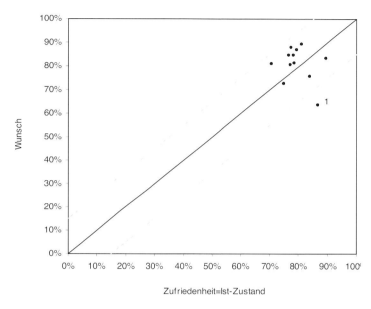

Zufriedenheit=Ist-Zustand

1. Abstellmöglichkeiten für Mülltonnen am Wohnungseingang?

Antwortmöglichkeit: Für Ihre jeweilige Einschätzung verwenden Sie bitte die Schulnotenskala
von 1 = sehr wichtig bis 6 = unwichtig. Mit Werten dazwischen können Sie Ihre Antwort abstufen.

Anmerkung: Stimmt der Wunsch mit der Ist-Situation überein, so liegen die Punkte auf der Diagonalen.
Die beiden hellgrauen Diagonalen markieren jeweils Abweichungen von bis zu 15%-Punkten.
Aus Gründen der Übersichtlichkeit wurden nur die Fälle hervorgehoben, in denen Wunsch und
Ist-Situation um mehr als +/-15%-Punkte auseinanderdriften.
Als ›wichtig‹ zählen die Antwortmöglichkeiten 1 und 2. Basis: Alle Befragten.

Quelle: Bundesweite Repräsentativbefragung der Wüstenrot Stiftung

6.1.3 Unterschiede bezüglich der Anforderungen an Haus/Wohnung

Wenn man die wichtigen Anforderungen aus Familiensicht in Beziehung zu verschiedenen anderen Aspekten, wie z.B. Einkommen, Gemeindegröße etc. setzt (Regressionsanalyse), so ergeben sich kaum Unterschiede *(vgl. Abbildung 21)*. Der Grund hierfür ist die Tatsache, dass das Zusammenleben mit Kindern für den Alltag sehr prägend ist (Ergebnis der Fallstudien). Dementsprechend liegen auch die Anforderungen, die unterschiedliche Familien (Einkommenssituation, Bildungsstand etc.) an Haus/Wohnung haben, nah beieinander. Weil sich der Alltag durch das Zusammenleben mit Kindern verändert, was sich im Wesentlichen in der erhöhten Zeitbeanspruchung ausdrückt, gibt es kaum Unterschiede bei den Auswahlkriterien für das geeignete Wohnobjekt.

Die Darstellung in *Abbildung 21* ist eine beispielhafte Auswahl aus der Vielzahl der Analysen, die mit den Daten der Repräsentativerhebung berechnet wurden.

Methodische Erklärung der Regressionsanalyse

Um die Bedeutung verschiedener Kriterien im Hinblick auf Anforderungen an Haus/Wohnung, Wohnumfeld etc. zu prüfen, wurden Regressionsanalysen durchgeführt. Die Wahrscheinlichkeiten für die Bedeutung bestimmter Kriterien wurden mit Hilfe Logistischer Regressionen geschätzt. Im Unterschied zu sonst üblichen ›normalen‹ Regressionen stellt die Methode der Logistischen Regression sicher, dass die Schätzwerte immer im Bereich zwischen null und eins liegen. Das ist bei der Schätzung von Wahrscheinlichkeiten wichtig, weil Schätzwerte größer eins oder kleiner null nicht zu interpretieren wären (Wahrscheinlichkeiten liegen immer zwischen null und eins). Dafür sind die Ergebnisse aber weniger selbsterklärend.

Zur vereinfachten Darstellung der Partialeffekte bzw. Einflussfaktoren werden diese einheitlich auf eine Skala von -10 über 0 bis +10 umgerechnet und in so genannten Spinnennetzen dargestellt. Ein negativer Wert bedeutet dann, dass der betreffende Partialeffekt negativ ist, die Wahrscheinlichkeit also kleiner ausfällt, wenn der entsprechende Status (z.B. Einkommen) zutrifft. Je näher auf der Skala der Wert +10 (-10) erreicht wird, desto stärker positiv (negativ) ist der jeweilige Partialeffekt, desto eher trifft es also zu, dass dieses Kriterium für den Haushalt wichtig ist.

ABB. 21 | HAUS/WOHNUNG UND CHARAKTERISTIKA DER HAUSHALTE

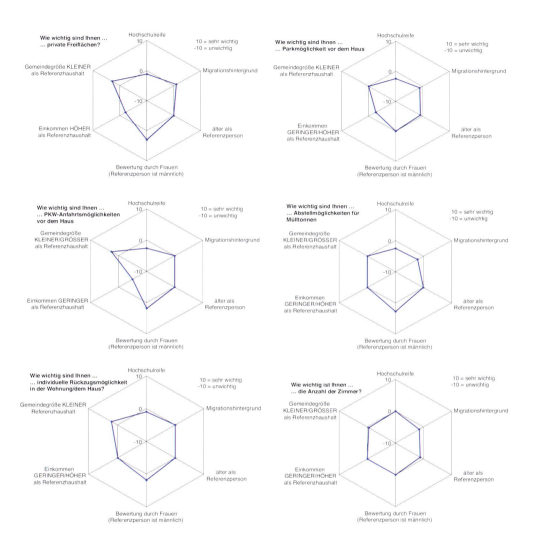

Referenzhaushalt: Befragte Person: Mittlere Reife, männlich, zwischen 30 und 39 Jahre alt, zwei Erwachsene mit mindestens einem Kind, beide Angestellte oder Beamte, ohne Migrationshintergrund. Wohnte schon immer in diesem Gebiet in einer Stadt mit 100 000 bis zu 500 000 Einwohnern. Die Frau kümmert sich um die Erziehung. Einkommen 2 000 und 3 000 Euro im Monat.

Anmerkung: Basis: Alle Befragten
Quelle: Bundesweite Repräsentativbefragung der Wüstenrot Stiftung

Lesebeispiel für die Abbildung 21:

Wie wichtig sind Ihnen private Freiflächen? *(siehe erste ›Spinne‹ oben links in Abbildung 21)*
Private Freiflächen sind Haushalten, die in Gemeinden mit weniger als 100 000 Einwohnern wohnen, wichtiger als Haushalten in größeren Gemeinden *(Spinnennetz liegt oberhalb der Nulllinie)*. Auch Frauen schätzen diese Eigenschaften mehr als Männer, ebenso Haushalte mit Migrationshintergrund. Weniger Gewicht messen den privaten Freiflächen Haushalte mit Einkommen von mehr als 3 000 Euro im Monat bei, ebenso Haushalte mit Hochschulreife (Spinnennetz liegt unterhalb der Nulllinie). Das Alter der Befragten spielt bei dieser Einschätzung keine Rolle *(Spinnennetz liegt auf der Nulllinie)*.

6.1.4 Unterschiede bezüglich der Zufriedenheit mit dem Haus/der Wohnung

Während sich die Anforderungen der Familien an das Haus/die Wohnung kaum im Hinblick auf Haushaltsstruktur und andere Aspekte unterscheiden, stellt sich die Situation im Hinblick auf die Zufriedenheit etwas anders dar. Insgesamt sind Familien in großen und in kleinen Gemeinden sehr zufrieden, allerdings fällt die Zufriedenheit bei kleinen Gemeinden noch höher aus *(vgl. Abbildung 22)*.

ABB. 22 | UNTERSCHIEDE BEI DER ZUFRIEDENHEIT MIT HAUS/WOHNUNG DIFF. NACH GEMEINDEGRÖSSE

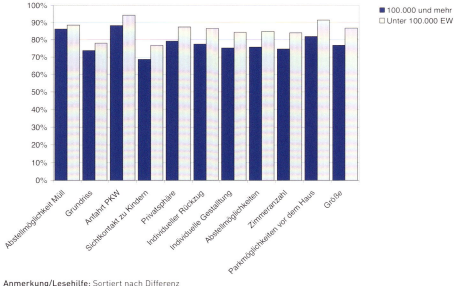

Anmerkung/Lesehilfe: Sortiert nach Differenz
Quelle: Bundesweite Repräsentativbefragung der Wüstenrot Stiftung

6.2 Wohnumfeld

6.2.1 Anforderungen an das Wohnumfeld

Bei den Anforderungen an das Wohnumfeld spielen stressfreies Wohnen mit Kindern und Erleichterungen für die Alltagsorganisation die zentrale Rolle. Fast 100% der Haushalte geben als wichtige Kriterien verkehrssichere Wege und Sicherheit für Kinder im Wohnumfeld an *(vgl. Abbildung 23)*. Eltern haben ein Interesse daran, dass sich ihre Kinder möglichst autonom und ungehindert in der Nachbarschaft bewegen können. Nur wenn im Wohnumfeld Sicherheit für Kinder gegeben ist, können diese draußen spielen, ohne Beaufsichtigung durch die Eltern und damit verbundene zusätzliche Aufsichtszeiten.

ABB. 23 | ANFORDERUNGEN VON FAMILIEN AN DAS WOHNUMFELD

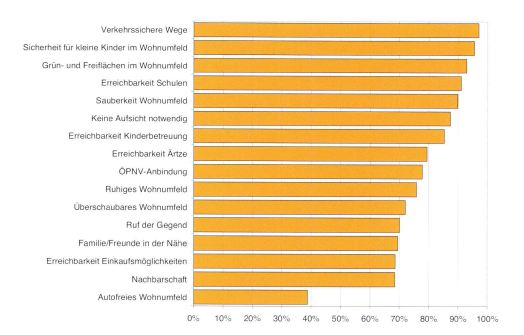

113

Quelle: Bundesweite Repräsentativbefragung der Wüstenrot Stiftung

Über 90 % der Eltern fordern Grün- und Freiflächen im Wohnumfeld. Sie legen großen Wert auf eine Abtrennung hausnaher Grün- und Freiflächen gegenüber halböffentlichen und öffentlichen Bereichen (z.B. Bäume und Hecken als Pufferbereiche), weil so mehr Sicherheit gegeben ist und damit die Selbständigkeit der Kinder gefördert wird. In diesem Sinne wird auch die Sauberkeit des Wohnumfeldes (90 % der Befragten) gefordert und das Kriterium ›Keine Aufsicht notwendig‹ als sehr relevant eingeschätzt (fast 90 %).

Für Familien ist aufgrund der Zeitarmut die Erreichbarkeit von Einrichtungen, die im Alltagsleben einer Familie viel genutzt werden, relevant. Das betrifft z.B. die Erreichbarkeit von Schulen, Kinderbetreuung, Ärzte, Einkaufsmöglichkeiten etc. (von 70 % bis 90 % der Haushalte erwähnt).

Ein autofreies Wohnumfeld ist unter der Auswahl der 16 wichtigsten Anforderungen der mit Abstand am seltensten genannte Aspekt (für weniger als 40 % der Haushalte wichtig). Im Gegensatz dazu ist die Anfahrtsmöglichkeit mit dem PKW gewünscht, damit der Alltag mit Kindern besser organisiert werden kann *(vgl. Abschnitt IV. 6.1.1)*.

Es gibt verschiedene, eher sozial einzustufende Aspekte, wie z.B. ›überschaubares Wohnumfeld‹, die das Leben mit Kindern erleichtern. Solche Aspekte sind im Vergleich zu beispielsweise verkehrssicheren Wegen in der Regel nicht unmittelbar im Bewusstsein, weil es sich hierbei um komplexere Wirkungszusammenhänge handelt. Dementsprechend werden diese Aspekte bei spontanen Nennungen weniger erwähnt, jedoch bei einer standardisierten Abfrage mit entsprechenden Vorgaben spielen sie eine relativ große Rolle. So schätzen etwa 70 % der Befragten folgende Anforderungen an ihre Nachbarschaft als relevant ein: ›überschaubares Wohnumfeld‹, ›Familie/Freunde in der Nähe‹, ›Nachbarschaft‹, ›Ruf der Gegend‹.

6.2.2 Wunsch und Wirklichkeit in Hinblick auf das Wohnumfeld

Die Zufriedenheit mit dem Wohnumfeld fällt nicht so gut aus wie die Zufriedenheit mit dem Haus/der Wohnung. Jedoch sind die Befragten auch mit dem Wohnumfeld relativ zufrieden (70 % vergeben die Noten sehr gut bzw. gut). Nur 1 % der Befragten bezeichnet sein Wohnumfeld als mangelhaft *(vgl. Abbildung 24)*.

Anders als bei der Einschätzung des Hauses/der Wohnung fallen beim Wohnumfeld Anforderungen und Realität weiter auseinander *(vgl. Abbildung 25)*. Die Unzufriedenheit ist besonders ausgeprägt bei der Sicherheit im Wohnumfeld und der Möglichkeit für Kinder, sich selbständig entfalten zu können. Während die Verkehrssicherheit bei den Spiel- und Aufenthaltsmöglichkeiten sowie den Verbindungswegen zur Schule von knapp 100% der Familien als wichtig eingestuft werden, liegt die Zufriedenheit hier nur bei 40%. Das Wohnumfeld wird auch im Hinblick auf sichere Aufenthaltsmöglichkeiten für ältere Kinder als relativ unbefriedigend eingeschätzt. Knapp 90% sehen diese Anforderung als relevant, während nur knapp 60% diesbezüglich zufrieden sind. Darüber hinaus klaffen Wunsch und Realität im Hinblick auf die Sauberkeit des Wohnumfelds, die Erreichbarkeit von Schulen und auf das Angebot an Grün- und Freiflächen auseinander. Im Unterschied dazu decken sich Wunsch und Realität bei folgenden Kriterien: ›Ruf der Gegend‹, ›Wer in der Nachbarschaft wohnt‹, ›Erreichbarkeit von Einkaufsmöglichkeiten‹, ›ein überschaubares Wohnumfeld‹, ›Familie, Bekannte und/oder Freunde in der Nähe‹, ›ein ruhiges Wohnumfeld‹, ›Erreichbarkeit von Ärzten‹, ›ÖPNV-Anbindung‹ und die ›Erreichbarkeit der Kinderbetreuung‹.

ABB. 24 | BEWERTUNG DES AKTUELLEN WOHNUMFELDES

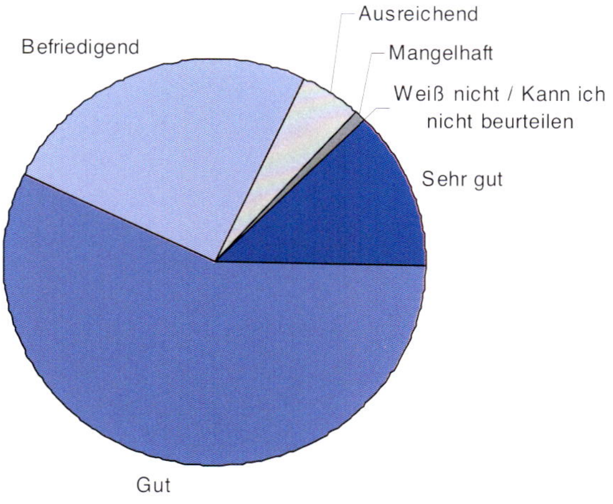

Anmerkung: Basis: Alle Befragten
Quelle: Bundesweite Repräsentativbefragung der Wüstenrot Stiftung

ABB. 25 | WICHTIGE KRITERIEN AUS SICHT EINER FAMILIE FÜR DAS WOHNUMFELD: WUNSCH UND WIRKLICHKEIT

Frage: Welche Kriterien sind aus der Sicht einer Familie für das Wohnumfeld wichtig? Bitte sagen Sie mir nun jeweils, wie zufrieden Sie als Familie mit den folgenden Kriterien bezüglich Ihres aktuellen Wohnumfelds sind.

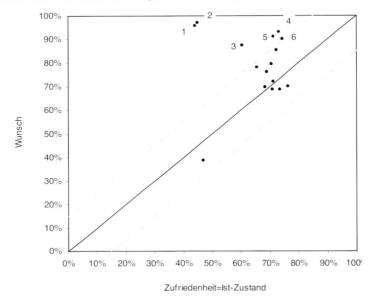

1. Verkehrssichere Spiel- und Aufenthaltsmöglichkeiten für kleine Kinder im Wohnumfeld
2. Verkehrssichere (Schul-)Wege
3. Die Möglichkeit, dass ältere Kinder das Wohnumfeld unbeaufsichtigt und auf ›eigene Faust‹ erkunden können
4. Grün- und Freiflächen im Wohnumfeld
5. Erreichbarkeit von Schulen
6. Sauberkeit des Wohnumfelds

Antwortmöglichkeit: Für Ihre jeweilige Einschätzung verwenden Sie bitte die Schulnotenskala von 1 = sehr wichtig bis 6 = unwichtig. Mit Werten dazwischen können Sie Ihre Antwort abstufen.
Anmerkung: Stimmt der Wunsch mit der Ist-Situation überein, so liegen die Punkte auf der Diagonalen. Die beiden hellgrauen Diagonalen markieren jeweils Abweichungen von bis zu 15%-Punkten. Aus Gründen der Übersichtlichkeit wurden nur die Fälle hervorgehoben, in denen Wunsch und Ist-Situation um mehr als +/-15%-Punkte auseinanderdriften. Als ›wichtig‹ zählen die Antwortmöglichkeiten 1 und 2. Basis: Alle Befragten.
Quelle: Bundesweite Repräsentativbefragung der Wüstenrot Stiftung

Zu Abb. 26: Referenzhaushalt: Befragte Person: Mittlere Reife, männlich, zwischen 30 und 39 Jahre alt, zwei Erwachsene mit mindestens einem Kind, beide Angestellte oder Beamte, ohne Migrationshintergrund. Wohnte schon immer in diesem Gebiet in einer Stadt mit 100 000 bis zu 500 000 Einwohnern. Die Frau kümmert sich um die Erziehung. Einkommen zwischen 2 000 und 3 000 Euro im Monat. Basis: alle Befragten.
Quelle: Bundesweite Repräsentativbefragung der Wüstenrot Stiftung

ABB. 26 | WOHNUMFELD UND CHARAKTERISTIKA DER HAUSHALTE

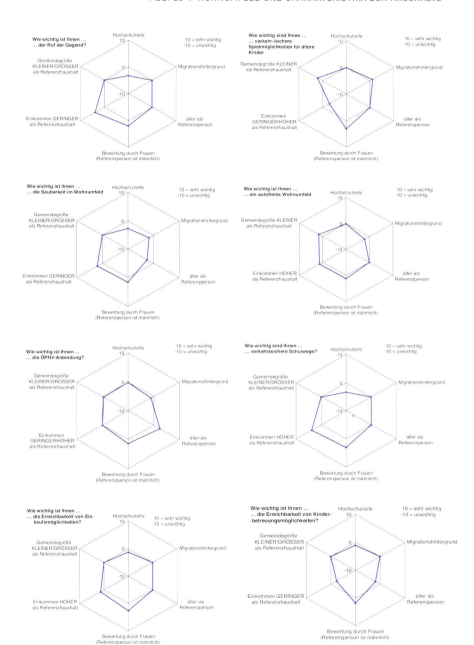

6.2.3 Unterschiede bezüglich der Anforderungen an das Wohnumfeld

Die Anforderungen an das Wohnumfeld liegen bei den verschiedenen Haushaltstypen nah beieinander. Auch hier kommt wieder zum Tragen, dass durch das Zusammenwohnen mit den Kindern die Anforderungen an das Wohnumfeld geprägt sind *(vgl. Abbildung 26)*. Die nahe Wohnumgebung spielt für das Familienleben eine große Rolle, so dass dementsprechend auch die Anforderungen familienbedingt geprägt sind. Familien sind aufgrund der Kinder auf ihre Nachbarschaft angewiesen (z.B. im Freien spielen, Kontakte mit anderen Kindern, Alltagsversorgung).

6.2.4 Unterschiede bezüglich der Zufriedenheit mit dem Wohnumfeld

Bei der Zufriedenheit mit dem Wohnumfeld spielt die Gemeindegröße eine relativ große Rolle. Im Vergleich mit den Großstädtern sind Familien in kleineren Städten besonders mit der Anbindung ans öffentliche Verkehrsnetz sowie mit der Erreichbarkeit von Einkaufmöglichkeiten, Ärzten und Schulen weniger zufrieden. Anders verhält es sich mit der unmittelbaren Qualität des nahen Wohnumfeldes. So sind Familien in kleineren Städten besonders mit der Überschaubarkeit und der Sauberkeit des Umfelds, aber auch mit der Verkehrsicherheit zufriedener als Familien in Großstädten *(vgl. Abbildung 27)*.

6.3 Freizeitangebote

Gut 70 % geben an, dass in ihrem Wohnumfeld Freizeitangebote für die Familie (teilweise) vorhanden sind *(vgl. Abbildung 28)*, wobei die Zufriedenheit mit den speziellen Angeboten für Kinder etwas geringer ausfällt. Rund 80 % sind gut bzw. relativ gut über die Freizeitangebote in der Stadt informiert.

Allerdings wird die Erreichbarkeit der Freizeitangebote kritisiert. In mehr als der Hälfte der Haushalte können die Kinder die Freizeitangebote und -einrichtungen nicht alleine aufsuchen. Dies ist mit ein Grund für den immer wieder angesprochenen Zeitstress *(vgl. z.B. exemplarische Fallstudie in Kapitel IV. 3.2.1)*. Im Rahmen der Fallstudien wurde betont, dass eine besondere Erschwernis dadurch entsteht, dass die verschiedenen Freizeitangebote (Unterschiede bezüglich der Art bzw. des Alters der Zielgruppe) räumlich verteilt sind. Der zeitliche Familienstress entsteht nicht, weil die Eltern Zeit für und mit ihren Kindern aufbringen, sondern weil die familienorientierten Angebote nicht koordiniert sind.

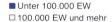

■ Unter 100.000 EW
□ 100.000 EW und mehr

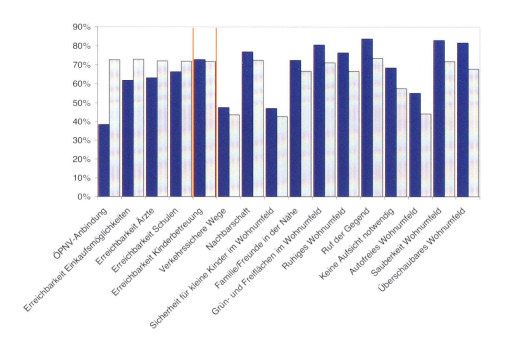

Anmerkung/Lesehilfe: Sortiert nach Differenzen, d.h. im Vergleich zwischen Städten mit 100 000 und mehr Einwohnern sind Personen in Städten mit 100 000 und weniger Einwohnern von links ›weniger‹ zufrieden, von rechts ›zufriedener‹.
Quelle: Bundesweite Repräsentativbefragung der Wüstenrot Stiftung

ABB. 28 | FREIZEITANGEBOTE FÜR DIE FAMILIE

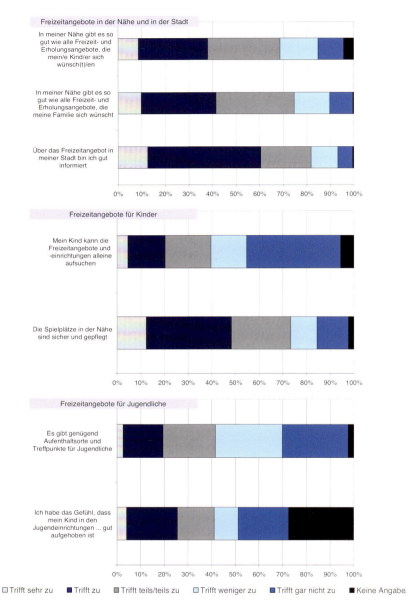

Freizeitangebote in der Nähe und in der Stadt

In meiner Nähe gibt es so gut wie alle Freizeit- und Erholungsangebote, die mein/e Kind/er sich wünsch(t)/en

In meiner Nähe gibt es so gut wie alle Freizeit- und Erholungsangebote, die meine Familie sich wünscht

Über das Freizeitangebot in meiner Stadt bin ich gut informiert

0% 10% 20% 30% 40% 50% 60% 70% 80% 90% 100%

Freizeitangebote für Kinder

Mein Kind kann die Freizeitangebote und -einrichtungen alleine aufsuchen

Die Spielplätze in der Nähe sind sicher und gepflegt

0% 10% 20% 30% 40% 50% 60% 70% 80% 90% 100%

Freizeitangebote für Jugendliche

Es gibt genügend Aufenthaltsorte und Treffpunkte für Jugendliche

Ich habe das Gefühl, dass mein Kind in den Jugendeinrichtungen ... gut aufgehoben ist

0% 10% 20% 30% 40% 50% 60% 70% 80% 90% 100%

☐ Trifft sehr zu ■ Trifft zu ☐ Trifft teils/teils zu ☐ Trifft weniger zu ■ Trifft gar nicht zu ■ Keine Angabe.

Frage: Welche Aussage trifft auf Sie zu?

Quelle: Bundesweite Repräsentativbefragung der Wüstenrot Stiftung

120

Die Eltern sind relativ zufrieden mit den Spielplätzen in der Nähe, weil sie sicher und gepflegt sind. Allerdings werden fehlende Aufenthaltsorte und Treffpunkte für Jugendliche bemängelt. Rund 60% der Haushalte kritisieren, dass es nicht genügend solcher Angebote gibt. Kritik an den Angeboten für Jugendliche wird auch von Eltern ausgesprochen, bei denen keine Jugendlichen im Haushalt leben. Hier spielen Konflikte mit Jugendlichen, die keinen adäquaten Aufenthaltsort haben, eine Rolle (z.B. Lärmbelästigung im hausnahen Bereich, Belagerung von Kleinkinderspielplätzen durch Jugendliche etc.). Etwa ein Drittel der Haushalte geben an, dass ihre Kinder in den Jugendeinrichtungen nicht gut aufgehoben sind.

Insgesamt wird das Freizeitangebot von nur rund 40% als gut bzw. sehr gut bewertet *(vgl. Abbildung 29)*, 7% bewerten diese Angebote sogar mit mangelhaft bzw. ungenügend und 11% vergeben hier die Note ausreichend.

ABB. 29 | BEWERTUNG DES FREIZEITANGEBOTS

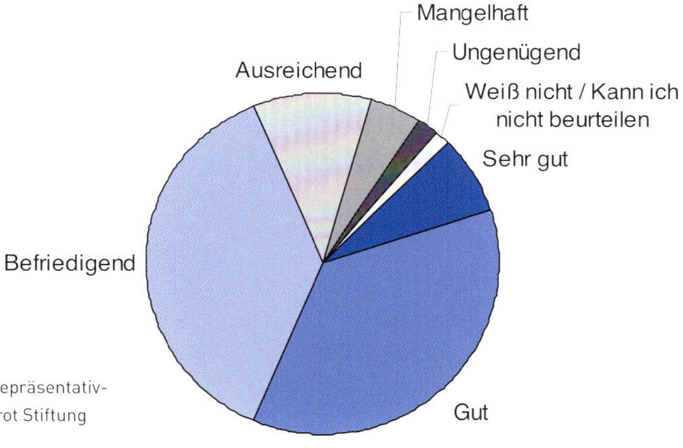

Mangelhaft
Ungenügend
Weiß nicht / Kann ich nicht beurteilen
Sehr gut
Ausreichend
Befriedigend
Gut

Quelle: Bundesweite Repräsentativbefragung der Wüstenrot Stiftung

7. FAMILIEN SIND RELATIV UNZUFRIEDEN MIT DEM BILDUNGS- UND BETREUUNGSANGEBOT

Nur knapp die Hälfte der Haushalte ist mit den Kinderbetreuungs- und Bildungsangeboten zufrieden *(vgl. Abbildung 31)*. Für nur knapp 30% der Eltern ist eine Kinderbetreuung von morgens bis in den frühen Abend problemlos möglich. Besonders kritisch

ABB. 30 | ERZIEHUNG, BILDUNG UND BETREUUNG

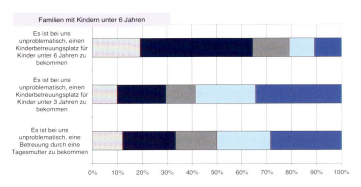

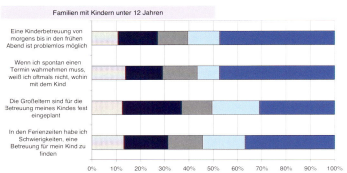

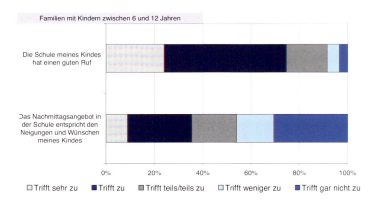

□ Trifft sehr zu   ■ Trifft zu   □ Trifft teils/teils zu   □ Trifft weniger zu   ■ Trifft gar nicht zu

Frage: Welche Aussage trifft auf Sie zu?
Quelle: Bundesweite Repräsentativbefragung der Wüstenrot Stiftung

wird die Situation bei den Kinderbetreuungsplätzen für Kinder unter drei Jahren einge-schätzt: 60 % der Familien mit Kindern unter sechs Jahren sind unzufrieden *(vgl. Abbil-dung 30)*. Die Möglichkeit, einen Kinderbetreuungsplatz für Kinder zwischen drei und sechs Jahren zu bekommen, ist im Vergleich dazu günstiger. Für die Hälfte der Haushalte ist es problematisch, eine Tagesmutter zu finden. Insbesondere die Betreuung außerhalb des geregelten Alltags (spontaner Termin, Betreuung der Kinder in den Ferienzeiten) wird von Haushalten mit Kindern unter 12 Jahren kritisiert (fast 60 % sind unzufrieden). Etwa die Hälfte der Haushalte plant die Großeltern nicht fest für die Kinderbetreuung ein. Fast jeder zweite Haushalt beklagt, dass die Nachmittagsangebote in der Schule nicht den Neigungen und Wünschen der Kinder entsprechen.

ABB. 31 | BEWERTUNG DES BILDUNGS- UND BETREUUNGSANGEBOTS

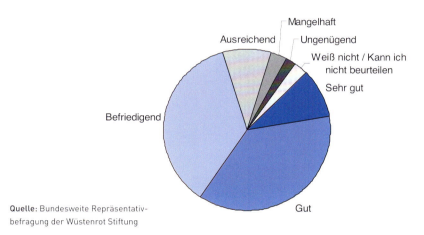

Quelle: Bundesweite Repräsentativ-befragung der Wüstenrot Stiftung

123

Im Rahmen der Fallstudien wurde wiederholt erwähnt, dass die Schule ein wichtiges Auswahlkriterium für den Wohnstandort ist. So ziehen Eltern zum Beispiel vor der Ein-schulung ihres Kindes um. Dementsprechend geben weniger als 10 % an, dass die Schule ihres Kindes keinen guten Ruf hat. Hier zeigt sich, dass da, wo Eltern Einfluss nehmen können, sie dies auch tun. Es werden viele Vorrecherchen angestellt, um die adäquate Schule auszusuchen. Neben dem Ausländeranteil ist das wichtigste Auswahlkriterium die Schulführung (guter Ruf). Zum Teil ist der schulbedingte Umzug aus Sicht der Eltern mit etlichen Nachteilen verbunden. Die Eltern sind auf gute Netzwerkstrukturen der Nach-barschaft angewiesen, so beklagen einige Familien, dass sie nach dem Umzug auf ein in ihrer Nachbarschaft gut entwickeltes Netzwerk gegenseitiger Hilfe verzichten müssen.

8. FAMILIEN WÜNSCHEN MEHR FLEXIBILITÄT BEI KOMMUNALEN ANGEBOTEN

8.1 Bedeutung kommunaler Angebote

Erschwert wird das Management eines komplexen Familienalltags durch vielfältige und voneinander abweichende Öffnungszeiten. Von daher sind für Familien flexible Öffnungszeiten von Behörden und Ämtern die wichtigste Anforderung, die sie gegenüber kommunalen Angeboten formulieren (80% der Befragten).

Eltern leiden vorwiegend unter der zeitlichen Zersplitterung gezielt familienorientierter Leistungen (Kinderkrippe, Kindergarten und Schule). Allerdings wird im Unterschied zu den Öffnungszeiten von Behörden und Ämtern die ›zersplitterte Produktion‹ familienorientierter Leistungen kaum als kommunales Defizit artikuliert (Fallstudien). Die räumliche Verteilung (diffuse Raumbeziehung familienorientierter Angebote) wird nicht als Aufgabe der Kommune kritisiert, sondern nur als ›naturgegebenes‹ Zeitproblem formuliert. So stößt man bei der Frage nach der Rolle und Bedeutung der Kommune für die Familien z.B. auf die Gegenfrage »Was, außer dem Pass, soll sie denn für mich an Leistungen erbringen?« oder »Mit der Kommune habe ich direkt nichts zu tun. Das letzte

ABB. 32 | BEDEUTUNG KOMMUNALER ANGEBOTE

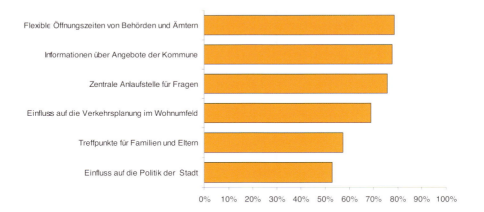

Quelle: Bundesweite Repräsentativbefragung der Wüstenrot Stiftung

ABB. 33 | KENNTNISSE ÜBER DEMOKRATISCHE TEILHABE

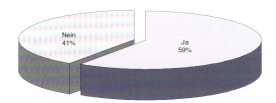

Frage: Ist Ihnen bekannt, dass Sie sich in Ihrer Stadt an demokratischen Meinungsbildungsprozessen in Ausschüssen, Ortsbeiräten oder bei Planungsvorhaben beteiligen können?
Quelle: Bundesweite Repräsentativbefragung der Wüstenrot Stiftung

ABB. 34 | POLITISCHE AKTIVITÄT

125

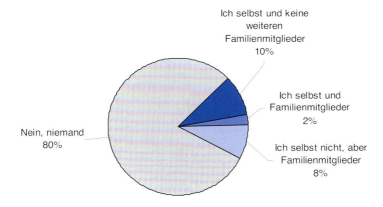

Frage: Sind Sie selbst oder eines Ihrer Familienmitglieder aktiv in dieser Form tätig?
[Ausschüsse, Ortsbeiräte]
Quelle: Bundesweite Repräsentativbefragung der Wüstenrot Stiftung

Mal hatten wir Kontakt, als ich einen Pass beantragt habe.« Bei den Fallstudien wird deutlich, dass die persönliche Zufriedenheit über die Familiensituation und das Glück über das Zusammenleben mit Kindern so weit führen, dass politische Kritik regelrecht ›vergessen‹ wird. Familien sind an Informationen über Angebote der Kommune interessiert (etwa 80% der Befragten). Knapp 80% würden eine zentrale Anlaufstelle, an die man sich bei Fragen wenden kann, als Erleichterung des Alltags empfinden. Fast 60% der Haushalte wünschen sich kommunal organisierte Orte, an denen sich Familien und Eltern austauschen können.

Es besteht ein großes Interesse, Einfluss auf die Verkehrsplanung im Wohnumfeld nehmen zu können (70%). Die Familien hoffen, dass sie über eine solche Einflussnahme eines ihrer Hauptprobleme *(vgl. Kapitel IV 6.2.1 und 6.2.2 zu Wunsch und Realität)* verbessern können.

Direkten Einfluss auf die Politik in der jeweiligen Stadt/Gemeinde möchte etwas mehr als die Hälfte der Familienhaushalte nehmen, allerdings sind nur etwa 20% politisch aktiv *(vgl. Abbildung 34)*. 40% der Befragten wissen nicht über die Möglichkeit, an demokratischen Meinungsbildungsprozessen teilnehmen zu können, Bescheid *(vgl. Abbildung 33)*.

8.2 Zufriedenheit mit kommunalen Angeboten

Insgesamt ist die Unzufriedenheit bei den kommunalen Angeboten deutlich höher als bei den anderen Aspekten (Wohnung, Wohnumfeld, Betreuung- und Freizeitangebote). So sind nur etwa ein Viertel der Haushalte mit den kommunalen Angeboten zufrieden *(vgl. Abbildung 35)*.

8.3 Regionale Unterschiede

In kleineren Städten (unter 100 000 Einwohner) sind die Familien zufriedener mit den kommunalen Angeboten als in Großstädten. Das betrifft die Zugänglichkeit und die Verständlichkeit von Informationen über kommunale Angebote sowie eine zentrale Anlaufstelle bei Fragen. Kaum Unterschiede gibt es hingegen bei den Öffnungszeiten der Behörden. Damit sind sowohl in den kleineren Städten als auch in der Großstadt nur gut ein Drittel der Familien zufrieden. Sehr unzufrieden sind Familien in den kleinen und den größeren Städten mit der Einflussmöglichkeit auf die Politik in der Stadt und die Verkehrsplanung im Wohnumfeld (Zufriedenheit zwischen 15 und 20%, *vgl. Abbildung 36*).

ABB. 35 | BEWERTUNG KOMMUNALER ANGEBOTE

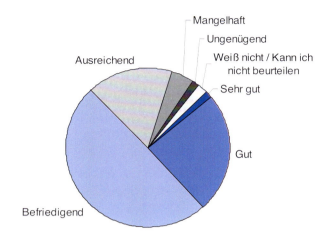

Quelle: Bundesweite Repräsentativbefragung der Wüstenrot Stiftung

ABB. 36 | ZUFRIEDENHEIT MIT DEN KOMMUNALEN ANGEBOTEN NACH GEMEINDEGRÖSSE

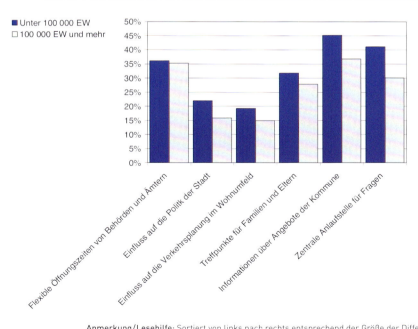

127

Anmerkung/Lesehilfe: Sortiert von links nach rechts entsprechend der Größe der Differenz
Quelle: Bundesweite Repräsentativbefragung der Wüstenrot Stiftung

V. Fazit und Empfehlungen

1. FAMILIENPOLITIK MUSS AUF VERSCHIEDENEN EBENEN AGIEREN

1.1 Von der Sozialpolitik zur Gleichstellungspolitik

In der vorliegenden Studie wird deutlich, dass es eine gravierende finanzielle Ungleichbehandlung von Familien mit Kindern und Kinderlosen gibt. Eine familienfreundliche Maßnahme, bei der es um die finanzielle Stärkung der Familien geht, ist die klassische Sozialpolitik, wie sie in den 1970er Jahren auf Bundesebene entwickelt wurde. Sie basiert auf einem Gerechtigkeitskonzept, in dessen Zentrum das Ziel steht, Kinder vor Armut zu bewahren. Eine Sozialpolitik, die zwischen ›armen‹ und ›reichen‹ Familien ausgleichen will, greift heute zu kurz, da sie sich an Erfahrungen der Vergangenheit, als die Geburtenraten eher zu hoch als zu niedrig waren, orientiert.

Erst mit der in den letzten Jahrzehnten massenhaft anwachsenden Kinderlosigkeit und der abnehmenden Zahl großer Familien, wird das System der horizontalen Gleichheit diskutiert. Bei dieser Gleichstellungspolitik geht es darum, Eltern im Vergleich zu Kinderlosen und große Familien im Vergleich zu kleinen Familien nicht zu benachteiligen, ganz gleich auf welchem Einkommensniveau diese Benachteiligung entsteht. Während die Kinderkosten bei Elternhaushalten mit einem relativ niedrigen Einkommen weitgehend vom Staat getragen werden, tragen die einkommensstärkeren Familien die Kinderkosten meist zu 100 % *(vgl. Kapitel II. 3)*. Die Politik der horizontalen Gleichheit zielt darauf ab, Eltern mit hohem Einkommen zu entlasten, z.B. durch Steuervorteile. Dabei werden ihnen Einkommensanteile, die sie für ihre Kinder aufwenden, zumindest teilweise als nicht steuerpflichtiges Einkommen zugerechnet.

Die kinderbedingten Einkommensminderungen bei wohlhabenderen Haushalten sind u.a. eine Folge der Erwerbsunterbrechungen (in der Regel der Frauen). Das bedeutet, dass zeitliche Entlastungen (Kinderbetreuung), die es den Eltern ermöglichen würden, ihre Berufstätigkeit weniger einzuschränken, gerade bei Hochverdienern z.T. wichtiger wären als direkte finanzielle Hilfen. Auch die großzügige Anerkennung von Kinderbetreuungskosten als Werbungskosten hätte in vielen Fällen einen weit größeren Effekt als Transferzahlungen.

Eine wirksame Ausgleichspolitik erfordert auf alle Fälle, dass die Dimensionen der Benachteiligungen anerkannt werden, denn noch immer wird die Ungleichbehandlung zwischen Kinderlosen und Eltern verdrängt. Nach wie vor begegnet man einer Verweigerung gegenüber der horizontalen Gerechtigkeitspolitik, z.B. mit dem Argument, dass Gleichstellungspolitik höhere Steuervorteile für Besserverdiener impliziert. Allerdings lässt sich unter Gleichheitsgesichtspunkten nicht rechtfertigen, dass Ausgaben für Kinder a.s private Einkommensverwendung analog zu anderen Konsumausgaben behandelt werden. Wenn die Ausgaben für Kinder als Einkommen, das besteuert wird, angerechnet werden, entsteht gegenüber Kinderlosen eine fundamentale Ungleichbehandlung. Einfache Beobachtungen zeigen dagegen, wie sehr vor allem Kinderlose mit hohem Einkommen in unserer Gesellschaft bevorzugt werden. In der gesamten Breite der Familienpolitik bestehen hier noch massive Lücken.

130

1.2 Von der Gleichstellungspolitik zur Geburtenpolitik

Familienpolitik als Gleichstellungspolitik ist in der Zwischenzeit Realität (z.B. Elterngeld, Elternzeit). Diese Orientierung ist gerechtfertigt, da Familien mit Kindern erhebliche Leistungen für die Gesellschaft erbringen (vgl. II. 5), während rund ein Drittel der Bevölkerung kinderlos bleibt und dadurch massiv von den Familien profitiert. Eine Familienpolitik, die eine Gleichheit zwischen Eltern und Kinderlosen anstrebt, unterstellt, ohne dass dies explizit diskutiert wird, dass mithilfe ihrer Instrumente die Geburtenraten wieder auf ein befriedigendes Niveau ansteigen. Als Ziel werden Geburtenraten diskutiert, wie sie in anderen europäischen Ländern, z.B. in Frankreich, Realität sind. Bei einer anvisierten Geburtenrate von 1,6 bis 1,8 wird unterstellt, dass es kein politisches Ziel ist, die absolute Zahl der Bevölkerung in Deutschland konstant zu halten oder sogar ein Wachstum zu erreichen. Als Ziel wird lediglich unterstellt, dass die strukturellen Veränderungen, die als Folge der Geburtenrückgänge zu beachtlichen Belastungen und strukturellen Anpassungen führen, insgesamt in Grenzen gehalten werden sollen. Dabei wird auch berücksichtigt, dass langfristig eine allmähliche Schrumpfung der Zahl der Einwohner in der Bundesrepublik ökologischen Zielsetzungen entsprechen würde.

Die Einschätzung, dass die neuen familienfreundlichen Maßnahmen dazu führen, dass die Geburtenraten steigen, muss man zunächst als Hoffnung behandeln. Es kann sich durchaus herausstellen, dass zusätzliche Maßnahmen erforderlich werden, um die gewünschte Steigerung der Geburtenzahlen zu erreichen. Der Schritt zu einer Geburtenpolitik kann je nach Ausgestaltung der Maßnahmen lediglich dazu führen, Ressourcen so einzusetzen, dass die Entscheidung für ein Kind bzw. für ein zusätzliches Kind erleichtert wird. Es ist zu vermuten, dass es im Hinblick auf gut ausgebildete Frauen schwierig sein dürfte, geeignete Maßnahmen gegen die hohe Kinderlosigkeit zu finden. Die Fallstudien mit Kinderlosen und auch andere aktuelle Studien zeigen, dass Kinderlosigkeit bestimmten Lebensumständen, Entwicklungen im Beruf und in der Partnerschaft geschuldet ist. Es ist daher fraglich, inwieweit Politik hier Einfluss nehmen kann. Demgegenüber erscheint es einfacher, z.B. die Entscheidung für ein drittes Kind zu erleichtern und dafür Anreize zu schaffen. Hier wären auch die häufig auftretenden Mitnehmereffekte gering, weil die Zahl der Familien mit drei Kindern inzwischen auf knapp 10 % deutlich abgesunken ist *(vgl. Kapitel III. 1)*. Die Kommunen könnten bei einer solchen Weiterentwicklung der Politik Beiträge leisten, indem kommunale Leistungen für Familien mit drei und mehr Kindern besonders günstig angeboten werden oder ihnen materielle Vorteile im Vergleich zu anderen gewährt werden.

131

1.3 Grenzen der staatlichen Politik

Es gibt verschiedene Lebensentwürfe und Lebensentwicklungen, auf die die staatliche Politik keinen direkten Einfluss nehmen kann. Das Dilemma gescheiterter Partnerschaften, der Mangel an geeigneten familienfähigen Vätern oder z.B. die Schwierigkeit der Vertretungsregelungen bei Freiberuflern, führen die Politik an die Grenzen ihrer möglichen Wirksamkeit. Die wachsende Zahl von Frauen, die hochwertige persönliche Dienstleistungen erbringen, führt zu einem häufig strukturell bedingten Konflikt in der Abwägung mit einer Familiengründung. Für viele Frauen stellt sich die Frage: Familie oder Karriere? Dass sich Mutterrolle und Karriere nur schwer miteinander vereinbaren lassen, zeigt die Tatsache, dass die Erwerbsbeteiligung der Frauen stark zurückgeht, sobald Kinder geboren werden *(vgl. Kapitel II. 2.1)*. Erschwerend kommt hinzu, dass hoch qualifizierte Frauen, bedingt durch ihre berufliche Selbständigkeit, auch in der Partnerschaft ein möglichst ungebundenes, persönliches Leben führen möchten, mit dem Ergebnis, dass sich die Partner dann oft auseinander leben und eigene Wege gehen.

Auch die von Frauen häufig kritisierte Einstellung der Männer, dass sie, wenn sie Karrieren in wettbewerbsintensiven Berufen verfolgen, keine Verantwortung für die Familie übernehmen können, lässt sich von der Politik kaum beeinflussen. Es ist zu vermuten, dass heute bestimmte Risiken im Berufsleben häufiger auftreten als früher, da spezialisiertes Wissen oder sich rasch verändernde Berufsinhalte zu besonderen Herausforderungen führen.

2. DIE STÄDTE UND GEMEINDEN SIND GEFORDERT, EIN FAMILIENFREUNDLICHES KLIMA ZU KREIEREN

Familienpolitik muss auf mehreren Ebenen agieren – auf den Ebenen des Bundes, der Länder und der Kommunen – und ihre Ziele mit mehreren Instrumenten verfolgen. Unter der Voraussetzung, dass der Bund und die Länder mit ihren Instrumenten und Maßnahmen keine Defizite und Lücken entstehen lassen, die nicht durch kommunale Maßrahmen geschlossen werden können, kann kommunale Familienpolitik erfolgreich sein. Kommunale Familienpolitik kann den notwendigen Einstellungswandel – die Bereitschaft, überhaupt Kinder zu bekommen – nicht verordnen. Allerdings kann die Kommune durch die Summe vieler familienfreundlicher Maßnahmen zur Erleichterung des Familienlebens beitragen. So kann die von den Familien im Alltag erlebte Diskriminierung durch kommunale Unterstützungsmaßnahmen abgebaut werden. Die Kommune kann Freundlichkeit im Umgang mit Familien als eine besondere Qualität, z.B. durch Anschauung und konkrete Beispiele, fördern. Die Kommunen sollten im Rahmen von **Familienkampagnen** einer breiten Öffentlichkeit deutlich machen, dass Kinder die Zukunftsinvestition der Gesellschaft schlechthin sind und dass ohne eine ausreichende Kinderzahl eine Gesellschaft nicht funktionsfähig ist.

Familien müssen wissen, dass sie geachtet werden und ihre Rolle als Familie nicht als Belastung, sondern als ein Beitrag für die Gesellschaft gesehen wird, der Anerkennung verdient. Es liegt auf der Hand, dass solche familienfreundlichen Kampagnen nicht durch Einmalaktionen wie z.B. einen ›Tag der Familie‹ erledigt sind. Es geht um eine Vielzahl von Maßnahmen, die in einem besonderen Gremium, z.B. in einem Familienforum, organisiert und gebündelt werden. Die Kommunen sollten ihre Familienfreundlichkeit gleichsam auf einer öffentlichen, politischen Ebene zelebrieren.

Kommunen müssen sich bewusst nach außen familienfreundlich präsentieren und Familien eine besondere Stellung einräumen. Bei Bebauungsplänen, bei Verkehrsregeln, bei Spielplatzverteilungen und bei der Verortung von Bushaltestellen sollte deshalb immer der Fokus auch auf den Bedürfnissen der Familien liegen. Das Familienforum kann diesbezüglich steuernd tätig sein (Vergleich von Nachfrage und Angebot) und darauf basierend Leitlinien, Strategien und Maßnahmen entwickeln.

Darüber hinaus kann das **Familienforum** verschiedene familienfreundliche Aktionen initiieren: Bewerbung für die Familienfreundlichkeit von Geschäften, Restaurants oder anderen Einrichtungen. Die Kommunen können in Zusammenarbeit mit dem Familienforum Familienplaketten für alle Einrichtungen vergeben, die besonders kinderfreundlich sind. Eine andere Möglichkeit sind Familienparkplätze in der Nähe von Einrichtungen, die wichtige Zielpunkte für Familien sind. Neben den verschiedenen technischen Unterstützungen und den familienbezogenen Angeboten geht es um eine politische Repräsentation von Familienbedürfnissen sowie um die emotionale und moralische Anerkennung.

3. EINE NEUORIENTIERUNG DER STADTPOLITIK IST GEFRAGT: MOBILISIERUNG INNERSTÄDTISCHER WOHNQUARTIERE FÜR FAMILIEN

Eine der wichtigsten langfristigen Aufgaben von Politik und Gesellschaft ist es, insbesondere in Städten die Weichen auf Kinderfreundlichkeit zu stellen. In den Städten sind Familien vielfach schon zur statistischen Randerscheinung geworden. Die Umlandwanderung wird überwiegend von Familien getragen *(vgl. Karte 5, Karte 6 und Karte 7, Kapitel III. 4)*. Dies gilt vor allem für die Eigentumserwerber.

Eine Neuorientierung der Stadtpolitik ist gefragt, da die Kinderarmut der Städte zu verschiedenen Nachteilen führt (finanziell, sozial, wirtschaftlich und städtebaulich). Eine familienfreundliche Kommunalpolitik muss in Maßnahmen des Bundes und der Länder eingebunden sein. Familienpolitik materialisiert sich vor allem durch Steuerpolitik und

Transferzahlungen. Die Ergebnisse der vorliegenden Untersuchung zeigen jedoch, dass auch vor Ort in den Kommunen durch Wohnangebote, durch eine gezielte Gestaltung des engeren Wohnumfelds und des erweiterten Lebensraums eine Unterstützung erfolgen kann.

Da in den Innenstädten in den nächsten Jahren etliche Brachen als Folge des Strukturwandels bzw. durch Abriss von nicht nachfragegerechten Bestandsobjekten entstehen, bietet sich die Chance, an innerstädtischen Standorten Flächen für familienfreundliches Wohnen zu mobilisieren. Die Städte haben die Möglichkeit, die Innenentwicklung gegenüber der Außenentwicklung (wildes Wachstum an der Peripherie bzw. im Umland) zu stärken. Eine solche Prioritätensetzung kann positive Auswirkungen auf innerstädtische Quartiere haben: Vermeidung von Ghettos, Durchmischung verschiedener sozialer Milieus, geringere Infrastrukturkosten, gute Rahmenbedingungen für den Aufbau informeller und Familien unterstützender Netzwerke.

Neben der Mobilisierung von Flächen sind für das innerstädtische Wohnen von Familien ›urbane Alternativen zum Haus im Grünen‹ zu entwickeln. In verschiedenen Städten gibt es erste Ansätze der Entwicklung neuer Bauformen, die auf der einen Seite urban sind (dichte Bauweise) und auf der anderen Seite den Anforderungen von Familien genügen. Die Vorteile des klassischen Einfamilienhauses werden auf den Geschosswohnungsbau übertragen. Allerdings lässt sich die Familienfreundlichkeit nur in kleinen überschaubaren Geschossbauten verwirklichen (maximal sechs Wohneinheiten pro Eingang, optimal drei Wohneinheiten pro Eingang).

Damit Innenstädte familienfreundlich werden können, muss das Preisgefälle zwischen Stadt und Umland abgeflacht werden. Entgegen ihren Präferenzen wohnen viele Familien, die Eigentum erwerben, im Umland, wobei neben der familienfreundlichen Qualität der Wohnangebote das Preis-Leistungs-Verhältnis eine entscheidende Rolle spielt. Eine Stadt bzw. eine Gemeinde ist familienfreundlich im Sinne der Eigentumsfreundlichkeit, wenn man Eigentum mit dem vier- bis fünffachen des Jahresnettoeinkommens erwerben kann *(vgl. Kapitel III. 5.2)*. Zentrale stadtübergreifende Maßnahmen zur familienfreundlichen Eigentumsbildung sind:

• Systematische Zwischenerwerbsstrategien der Kommunen, die nur dort planerisch tätig werden, wo die Kommune vorab zu einem günstigen Preis Eigentümer geworden ist.

- Familienorientierte Zielsetzungen, z.B. eine an der Kinderzahl ansetzende Reduzierung des Grundstückspreises.

- Initiierung und steuernde Unterstützung von Baugemeinschaften, die an einem zentralen Standort zu einem moderaten Preis Eigentum erwerben wollen (ein Einzelbauherr kann wegen des hohen Grundstückspreises und der damit verbundenen Dichte nicht alleine am präferierten Standort bauen).

- Als langfristige Unterstützung eine Veränderung der Bodenwertsteuer, um die Verkaufsbereitschaft zu erhöhen.

4. IN DEN STÄDTEN UND GEMEINDEN MÜSSEN RAHMENBEDINGUNGEN FÜR DIE VERBESSERUNG DER MOBILITÄT VON FAMILIEN GESCHAFFEN WERDEN

Eine wichtige Aufgabe der Zukunft wird es sein, zentrale Standorte mit bereits bestehender familienfreundlicher Infrastruktur zu identifizieren. Dabei geht es um Standorte, die potenziell familienfreundlich sind, weil familienorientierte Angebote wie z.B. Kindergärten und -tagesstätten, Schulen, Freizeiteinrichtungen und Versorgungsangebote für den täglichen Bedarf gut fußläufig bzw. mit dem Fahrrad erreichbar sind. Das sind auf der einen Seite die in Folge des Strukturwandels entstandenen Brachen, die gezielt als Neubauwohnquartiere für Familien zu entwickeln sind. Auf der anderen Seite sind auch Bestandsobjekte im Hinblick auf eine familiengerechte Umstrukturierung zu prüfen: Umbau von Bestandsgebäuden bzw. Abrissstrategien im Fall von Substandard und anschließender Neubau von familienfreundlichen Bautypologien. In dem Fall, dass es sich nicht um kommunale Grundstücke bzw. Bestände handelt, sollte die Kommune eine Steuerungsfunktion übernehmen, wie z.B. Initiierung eines Eigentümer-Pools (bei mehreren Eigentümern an einem Standort) oder Entwicklung von Finanzierungsmodellen ohne bzw. mit geringen Subventionen.

Wenn die Quartiere bei vorhandener guter Infrastruktur als familienfreundliche Standorte profiliert werden, können damit die diffusen Raumbeziehungen und entsprechende Zeitbelastungen deutlich verringert werden. In den neu errichteten bzw. umstrukturierten

Nachbarschaften sollten die Erschließung, die Wegeführung und die technischen Verkehrsmittel so organisiert sein, dass die Mobilität der Familien verbessert wird *(vgl. Kapitel IV. 6.2)*:

- Die Wegeführung innerhalb der Quartiere sollte so gestaltet sein, dass sie leicht überschaubar und übersichtlich ist (kein weit verzweigtes, sondern ein zentrales Netz).

- Bei der Wegeführung sollte eine klare Abgrenzung für Fußgänger und Fahrradfahrer erfolgen.

- Es sind kinderfreundliche Fahrradwege zu schaffen (Fahrrad = ›Auto der Kinder‹).

- Damit Kinder möglichst ohne Begleitung zu weiter entfernt gelegenen Freizeit-, Betreuungs- und Bildungseinrichtungen gelangen können, sind Haltestellen kinderfreundlich zu gestalten (Sicherheit durch Abgrenzung von stark befahrenen Straßen etc.).

- Es sollten an verschiedenen Plätzen im Quartier spezielle Familienparkplätze für Eltern mit kleinen Kindern, die noch nicht selbständig laufen können, eingerichtet werden.

136

5. EINE HOHE FAMILIENDICHTE IN WOHNQUARTIEREN HAT UNTERSTÜTZENDE WIRKUNG

Wohnquartiere für Familien sollten so strukturiert sein (baulich, Infrastruktur etc.), dass die Familien- und Kinderdichte innerhalb der Quartiere möglichst hoch ist. Insbesondere Familien, die neu in Wohnquartiere mit einer hohen Familiendichte gezogen sind, berichten, dass die Zeit, die sie für die Aufsicht der Kinder benötigen, deutlich zurückgeht. Wenn Familien nah beieinander wohnen, verbringen Kinder Zeit mit benachbart wohnenden Kindern und werden dabei gleichzeitig von deren Eltern beaufsichtigt. Umgekehrt wird der Besuch von Nachbarskindern begrüßt, da sich insgesamt so die Betreuung besser aufteilen lässt. Nachbarschaften mit einer hohen Familiendichte bieten Gelegenheit zum Wachstum zweckorientierter Netzwerke. Hierzu gehört neben der Möglichkeit,

Kinder bei Freunden abgeben zu können, wenn man einen Arzttermin hat oder größere Einkäufe erledigt, auch die Organisation von Fahrgemeinschaften (zu Betreuungs-, Bildungs- und Freizeiteinrichtungen). In Nachbarschaften mit einer hohen Familiendichte kann gegenseitige Hilfe zur Routine werden.

Die Kommunen können zu einer hohen Familiendichte in Wohnquartieren beitragen, indem sie z.B. familienorientierte Angebote (vom Wohnen bis hin zu Bildungseinrichtungen) auf potenziell familienfreundliche Quartiere konzentrieren. Dabei geht es sowohl um die Nachverdichtung von älteren Bestandsquartieren wie auch um familiengerechten Neubau *(vgl. Kapitel 4 und 6)*.

Eine besondere Herausforderung stellt sich für ältere Einfamilienhausgebiete (1950er, 1960er und 1970er Jahre). In diesen Quartieren leben überwiegend ältere Haushalte, da die Kinder mit ihrem Berufseinstieg oder ihrer Familiengründung weggezogen sind. Oft wohnt nur noch eine Person im Haus, z.B. wenn der Partner verstorben ist. Diese Wohnquartiere, die für einen spezifischen Lebensabschnitt gebaut wurden, sind heute sehr monofunktionale Nachbarschaften. Die Älteren erleben die Ausdünnung der Nutzung und den Anstieg des Anteils Älterer als Verarmung und Verlust an Ereignisreichtum. Aktuell findet in diesen Einfamilienhausgebieten ein Generationenwechsel statt. Wenn Häuser frei werden, z.B. beim Umzug in ein Pflegeheim oder im Falle des Todes, ziehen in der Regel jüngere Familien nach. Dieser langsame Generationenwechsel hat viele Nachteile für die jungen Familien, die als erste zuziehen *(vgl. Fallbeispiel Familie A, Kapitel IV. 5.2.2)*. Es entstehen Probleme im Hinblick auf die Einzugsgebiete der Schulen und die Möglichkeit, nachbarschaftliche Netzwerke aufbauen zu können. Hier kann die Kommune eine Steuerungsfunktion übernehmen:

- Sie kann prüfen, welche älteren Wohnquartiere für eine familiengerechte Nachverdichtung geeignet sind (z.B. vorhandene Infrastruktur, sichere Verkehrsverbindungen).

- Sie kann prüfen, ob Anbau, Umbau und eventuell, bei großen Grundstücken, auch Neubau in der zweiten Reihe (Wohnen mit der Kinderfamilie: ›Nähe auf Distanz‹) möglich ist.

- Sie kann für einen Standardtyp verschiedene Varianten des Um- und Anbaus prüfen, sodass z.B. größere (familiengerechte) Wohnflächen und Grundrisse entstehen:

- Anbau von Wintergärten
- Dachausbauten/Einfügen von Gauben
- Zusätzliche Balkone und Fassadenöffnungen
- Anbauten
- Aufstockung.

Von Seiten der Kommune kann ebenfalls eine Unterstützung aus planungsrechtlicher Sicht erfolgen, wie z.B. Flyer als Bürgerinformation verteilen, B-Pläne anpassen, um Aufstockungen zuzulassen und Ähnliches. Denkbar ist, Pilotprojekte zu starten und Anreize für die Umstrukturierung zu bieten.

Will man die Familiendichte in den älteren Einfamilienhausgebieten erhöhen, so sind neben der allgemeinen Planungs- und Baupolitik verbesserte Dienstleistungen *(vgl. Kapitel 6)* und Kooperationen mit Schulen *(vgl. Kapitel 7)* notwendig.

6. EINE FAMILIEN- UND ALTENFREUNDLICHE NACHBARSCHAFTS-ENTWICKLUNG ERLEICHTERT DIE ORGANISATION DES ALLTAGSLEBENS

In Anbetracht des demografischen Wandels und der knappen öffentlichen Mittel reicht es zukünftig nicht mehr aus, sich alleine auf die staatlichen Hilfeleistungen zu verlassen. Gerade bei Wohnquartieren können und sollten unterstützende Strukturen dafür geschaffen werden, dass Jüngere von den Kompetenzen der Älteren profitieren und umgekehrt Hilfeleistungen von Jüngeren für Ältere mobilisiert werden können. In diesem Sinne sollten neue Wohnquartiere und die Umstrukturierungen von Bestandsobjekten so gemanagt werden, dass sich Möglichkeiten der gegenseitigen (generationenübergreifenden) Unterstützung im Alltag bieten.[53]

Sowohl Angebote für jüngere wie auch für ältere Bewohner sollten gezielte Berücksichtigung finden und das gesamte Wohngebiet entsprechend dem Universal Design[54] so gestaltet werden, dass es sich an den Bedürfnissen aller Generationen orientiert. Universal Design ist ein Gestaltungskonzept, dass Alltagsgegenständen, Wohngebäuden und -räumen sowie der Umwelt eine an den menschlichen Fähigkeiten (inklusiv aller Dispositionen) jeglicher Lebensabschnitte orientierte Form gibt.

Ungeachtet dessen, ob es sich um Neubaugebiete oder Umstrukturierungen im Bestand handelt, sind bestimmte Prinzipien einzuhalten. Im Rahmen von Wettbewerbs- bzw. Bebauungsplanverfahren und/oder Beratung der Eigentümer und Investoren sollte auf die Anforderungen der Familien an das Haus bzw. die Wohnung und das Wohnumfeld geachtet werden *(vgl. Kapitel IV. 5 und 6)*.

Bautypologie

- Die Bautypologie muss insbesondere für Familien so ausgerichtet sein, dass die Alltagsorganisation erleichtert wird. Wichtig ist z.B. das öffentliche Wohnen auf einer Ebene: Küchen- und Wohnbereiche direkt angrenzend (ohne beschwerliche Treppen) an einen privaten Freiraum, sei es ein Garten oder eine große Terrasse. Beim Geschosswohnungsbau kann eine Lösung z.B. eine familiengerechte Maisonettewohnung mit einem direkten Zugang zu einem eigenen Garten sein. Bei Familienwohnungen im oberen Geschoss müssen private Freiräume in Form größerer Balkone oder Terrassen geplant werden (sicheres Spielen von kleinen Kindern muss gewährleistet sein).

- Mehrfamilienhäuser sollten so organisiert sein, dass die Eingangsbereiche großzügig gestaltet sind. Hier müssen Abstell- und Stauflächen untergebracht werden. Bei Älteren sind diese Flächen für Rollstuhl und Gehhilfen notwendig. Bei Familien geht es um (abschließbare) Unterbringungsmöglichkeiten für Fahrräder, größere Kinderspielgeräte, Schlitten etc. Denkbar ist, dass bei familienorientierten Einfamilienhäusern die Abstellräume hausnah auf dem Grundstück untergebracht werden.

- Die Gebäude (unabhängig davon, ob Einfamilienhaus oder Geschoss) sollten so ausgerichtet sein, dass weitgehende Privatheit in den Wohnungen gegeben ist (Schutz vor Blickkontakten von außen nach innen).

- Geschossgebäude sollten über einen Aufzug verfügen und insgesamt sollte eine barrierefreie Zugänglichkeit des gesamten Gebäudes sowie zu den Stellplätzen gegeben sein.

- Bei der Planung neuer Wohnquartiere bzw. der Umstrukturierung von Bestandsge-

139

bäuden sollte im Geschosswohnungsbau darauf geachtet werden, dass einzelne Häuser familienorientiert und andere eher für Ältere ausgerichtet werden. Bei den familiengerechten Häusern müssten entsprechend mehr Zimmer (z.B. größere Wohnflächen und vier bzw. mehr Zimmer pro Wohnung) vorhanden sein.

Wohnumfeld

- Die Quartiere sollten in sich möglichst ruhig sein und über Grünflächen verfügen. Wenn es sich um ein innerstädtisches Quartier handelt, so bedarf es einer Abschirmung nach außen, z.B. bei stark befahrenen Straßen.

- Bei der Organisation des Wohnumfelds ist darauf zu achten, dass man auf besondere Anpassungen für ›spezielle‹ Gruppen, wie z.B. Menschen mit Behinderung oder Kinder, verzichtet, um eine Ausgrenzung und Stigmatisierung zu verhindern.

- Die Häuser sollten so arrangiert sein, dass zentrale Freiflächen entstehen, die geschützt von der Straße liegen und die die Bewohner (insbesondere Kinder) gut und sicher erreichen können. Das ist überwiegend nur bei Neubau und nur teilweise bei den Umstrukturierungsprojekten zu realisieren.

- Es sind Geschwindigkeitsbegrenzungen für Bereiche in der Nähe von Grundschulen, Kindergärten und Spielplätzen vorzusehen.

- Die Wohnquartiere sind so zu organisieren, dass man mit dem Auto zumindest zum Ausladen vorfahren kann.

- Die Häuser sind so zu arrangieren, dass z.B. Blickkontakt von den Wohnungen zu im hausnahen Bereich spielenden Kindern möglich ist.

- Die Flächen im Wohnumfeld sollten aufgeteilt (kein Abstandsgrün) und im hausnahen Bereich den Wohngebäuden zugeordnet werden.

- Es sind kleine, durch Hecken oder anderweitig abgegrenzte Spielräume für kleine Kinder in Sicht- und Hörweite der Wohnungen zu schaffen.

140

- Es sollten Familienparkplätze bereitgestellt werden, die nur von Eltern mit Klein-kindern benutzt werden können.

- Das Wohnumfeld sollte flexibel und vielseitig gestaltet werden, so dass Anlässe für ein Miteinander von Jung und Alt entstehen, so z.B. durch terrassierte Platzgestaltung zum Sitzen für Ältere und zum Spielen für Kinder.

- Da Jugendliche in der Regel Orte aufsuchen, die relativ weit vom Elternhaus entfernt sind (keine soziale Kontrolle), sollten hier entsprechende Orte (mit den Jugendlichen gemeinsam) geplant werden. Fehlen adäquate Angebote, so besteht die Gefahr, dass mangels Alternativen z.B. Kinderspielplätze oder Bushaltestellen von Jugendlichen zweckentfremdet werden, wodurch Konflikte vorprogrammiert sind.[55]

Unterstützende Netzwerke

Jede Form der nachbarschaftlichen Vernetzung setzt ein Kennenlernen voraus, das wiederum Anlässe und Räume braucht. Eine unterstützende Nachbarschaft mit ent-sprechenden Netzwerken bedeutet ein Mehr an Lebensqualität für die Älteren wie auch für die Familien. Die jüngeren Haushalte können z.B. für die älteren, gehbehinderten Nachbarn die Einkäufe erledigen oder die Alltagsbewältigung von Familien mit kleinen Kindern wird durch eine unkompliziert organisierte Kinderbetreuung erleichtert (mobile ältere Nachbarn). Die Kommune kann beim Aufbau unterstützender Netzwerke, die sich mittel- bis langfristig von selbst tragen, unterstützend tätig sein.

- Es sollte eine ressortübergreifende Zusammenarbeit organisiert werden mit dem Ziel, nachbarschafts- und zielgruppenübergreifend den Aufbau von Netzwerken zu unter-stützen. Ziele dieser Netzwerke können z.B. sein: Strukturen für die Organisation von Eltern-Fahrgemeinschaften, gegenseitige Kinderbetreuung, Babysitting etc.

- In Nachbarschaften mit hoher Familiendichte sollten Familientrefforte, die gleich-zeitig eine Dienstleistungsplattform in der Nachbarschaft bieten, eingerichtet werden. Über solche Familientrefforte können z.B. Patenschaften und Leihomas organisiert werden.

- Da die Finanzierung von Räumlichkeiten und Personal nicht beliebig über öffentliche

Mittel erfolgen kann, könnte, z.B. initiiert durch die Kommune, ein Sozialfonds aufgebaut werden (z.B. bei Neubauprojekten durch Verkauf der Grundstücke eine Grundfinanzierung).

7. NACHBARSCHAFTSSCHULEN HELFEN, DAS ZEITBUDGET DER FAMILIEN ZU VERBESSERN

Weil das zersplitterte Bildungssystem ein wesentlicher Grund für die Zeitbelastung von Familien bedeutet, könnte die ›Schule unter einem Dach‹ im Vergleich zu drei speziellen Schulen in drei verschiedenen Gebäuden schon einen Fortschritt bedeuten. Durch die Integration in einem Gebäudekomplex ergibt sich ein kleinerer Einzugsbereich und die Familienkontakte werden gebündelt. Je mehr Leistungen an einem Standort konzentriert sind, desto mehr Kontakte entstehen ohne zusätzlichen Zeitaufwand. Das betrifft die Kontakte der Eltern untereinander, der Schüler miteinander und der Eltern und Schüler in Beziehung zur Schule. Damit könnte der Managementaufwand im Hinblick auf Fahrdienste deutlich geringer ausfallen. Kindergärten und Schulen sind außerdem die besten Katalysatoren für Beziehungen.

Kurzfristig sind Zwischenlösungen zu entwickeln. So könnten sich Schulen als ›Entwicklungsagenturen‹, die sich gegenüber der Nachbarschaft öffnen und ihren Beitrag zur Realisierung relevanter Projekte leisten, betätigen. Beispielsweise durch einen Mittagstisch für ältere, oft allein stehende Menschen oder die Mobilisierung von Ressourcen in der Nachbarschaft, insbesondere von personellen Kapazitäten, um Unterstützung für Bildungsaufgaben zu wecken. Durch Nachbarschaftsschulen könnte eine große Erleichterung für Familien im Fall des Unterrichtsausfalls organisiert werden. Damit ist eine wesentliche Voraussetzung gegeben, dass z.B. beide Eltern berufstätig sein können.

Schulen sollten zu allgemeinen, familienorientierten Dienstleistungszentren ausgebaut und an die Nachbarschaftsschulen möglichst viele der ergänzenden Unterrichts-, Bildungs- und Freizeitleistungen angebunden werden. Es müsste auch die Möglichkeit geschaffen werden, private Dienstleistungen anzudocken. Dies ist mittel- bis langfristig möglich, weil in Schulen mit einer rückläufigen Zahl an Kindern freie Räumlichkeiten entstehen. Auch im Hinblick auf die begrenzte Zufriedenheit der Familien mit den

Inhalten der Bildungseinrichtungen kann eine Nachbarschaftsschule zu einer deutlichen Verbesserung beitragen. Notwendig ist eine enge Kooperation mit den Kindergärten, da die besondere Förderung der Sprachentwicklung von Kindern bzw. von anderen Kompetenzen Voraussetzung für einen erfolgreichen Schulbesuch ist. Die Nachbarschaftsschulen bieten Anlässe für weitere Unterstützungen: Patenschaften zwischen Schulen und Freundeskreisen, Unterstützungsvereine und Kontakte zu Unternehmen.

143

Abbildungen, Tabellen und Karten

Abbildungsverzeichnis

Tabellenverzeichnis

Kartenverzeichnis

Fußnoten und Literaturhinweise

[1] Zum Beispiel in Form der Lokalen Aktionsbündnisse der Initiativen ›Kinderfreundliches Deutschland‹ oder ›Kinderfreundliches Baden-Württemberg‹.

[2] Kinderfreundlichkeit deutscher Großstädte, empirica Delasasse, 2003/2004.

[3] Darunter z.B. Kiel und Stuttgart.

[4] Suburbanisierung und kommunale Finanzen, Heinrich Mäding.
In: Suburbanisierung in Deutschland, Klaus Brake, Jens S. Dangschat und
Günter Herfert (Hrsg.), 2001.

[5] Perspektive 2050, Institut der deutschen Wirtschaft Köln (Hrsg.), 2004.

[6] ›Kinderbaulandbonus‹ der Landeshauptstadt Hannover:
Pro Kind zehn Prozent Abschlag auf städtische Grundstücke im Falle einer
Bebauung mit Einfamilienhäusern (max. 40 Prozent bei vier und mehr Kindern,
anteilig auch bei Baugemeinschaften möglich).
›Familienziel Kaufbeuren‹: Preisnachlass von 5000 Euro pro Kind
auf städtische Grundstücke.

[7] Familienatlas 2007 – Standortbestimmung, Potenziale, Handlungsfelder,
Bundesministerium für Familie, Senioren, Frauen und Jugend (Hrsg.), 2007.

[8] Familienatlas 2007, S. 9.

[9] Familienatlas 2007, S. 24.

[10] Familienatlas 2007, S. 24.

151

[11] So beispielsweise auch in der eigentlich für ihre differenzierte Berichterstattung bekannten Wochenzeitung ›Die Zeit‹ (Die Zeit 41/2007).

[12] www.kgst.de.

[13] Die Analyse hierzu fand vor allem auf der Basis von multiplen Regressionsberechnungen statt. Vgl. hierzu den Berichtssteil.

[14] Ausgleich zwischen ›armen‹ und ›reichen‹ Familien.

[15] Ausgleich zwischen Familien und Nicht-Familien derselben Einkommensschicht.

[16] Verschiedene Untersuchungen zu Motiven der Umlandwanderer zeigen, dass ein Großteil dieser Haushalte gerne in der Stadt geblieben wäre.

[17] Der Mikrozensus ist eine statistische (Stichproben-) Erhebung, an der nach bestimmten Zufallskriterien ausgewählte Haushalte beteiligt sind. Die Zahl der Haushalte wird so gewählt, dass die Repräsentativität der Ergebnisse statistisch gesichert ist.

[18] Über eine haushaltsrepräsentative Befragung in Deutschland sind Haushalte mit Kindern unter 18 Jahren ermittelt worden. Befragungspersonen waren die für die Erziehung verantwortlichen Erwachsenen in diesen Haushalten. Im Ergebnis wurden 3 131 Haushalte mit Kindern unter 18 Jahren befragt.

[19] Die Telefonbefragung wurde von dem Kooperationspartner USUMA GmbH Markt-, Meinungs- und Sozialforschung durchgeführt.

[20] Kinder sind unter 14 Jahre alt, Jugendliche 14 bis unter 18 Jahre.

[21] Um die Situation der Kinderlosen anschaulich darstellen zu können, wurden auch Fallstudien mit Haushalten durchgeführt, bei denen der Kinderwunsch vorhanden ist, aber aufgrund verschiedener Rahmenbedingungen (beruflicher Art bzw. Partnerschaften) nicht realisiert wird.

[22] Jüngste Studien und Aufsätze thematisieren biographische und geschlechtsspezifische Gründe von Frauen und Männern für Kinderlosigkeit bzw. für die Familiengründung. Im Fokus stehen dabei Aspekte wie z.B. Partnerschaftsstatus, Bildungsniveau oder Vorstellungen über das Rollenverhalten in einer Partnerschaft. Folgende Studien sind hier beispielhaft zu nennen:
Stiegler, Barbara 2006, Friedrich-Ebert-Stiftung (Hrsg.): Mutter-Vater-Kind-Los. Eine Analyse des Geburtenrückgangs aus der Geschlechterperspektive, Bonn und Schmitt, C. und Winkelmann, Ulrike 2005: Wer bleibt kinderlos? Sozialstrukturelle Daten zur Kinderlosigkeit von Frauen und Männern, Discussion Paper 473, DIW Berlin (Hrsg.), Berlin.

[23] Zusammengefasste Geburtenziffer = Hypothetische Zahl der Kinder, die eine Frau im Laufe ihres Lebens bekommen würde, wenn ihr Geburtenverhalten so wäre wie das aller Frauen zwischen 15 und 49 Jahren im jeweils betrachteten Jahr.

[24] Berechnungen der Gesamtfruchtbarkeit nach Geburtsjahrgängen (Kohorten) der Mütter zeigen, dass diese für die nach 1950 geborenen Frauen relativ konstant bei 1,8 Kindern pro Frau lag.

[25] Die Geburtenhäufigkeit in jüngeren Frauengruppen in Ostdeutschland lag vor der Wiedervereinigung mit über 650 Kindern je 1 000 Frauen im Alter von 20 bis 24 Jahren weit höher als im früheren Bundesgebiet (unter 250 Kinder je 1 000 Frauen).

[26] Verschiedene Untersuchungen konstatieren den Trend eines kontinuierlich rückläufigen Kinderwunsches. Die Studie ›Population Policy Acceptance Studie‹ (PPAS) des Bundesinstituts für Bevölkerungsforschung (BiB) stellte im Jahr 2003 fest, dass sich Frauen im Durchschnitt 1,74 Kinder und Männer 1,57 Kinder wünschen. Im ›Generations and Gender Survey‹ des BiB von 2005 bestätigte sich das niedrige Niveau. Demnach wünschten sich deutsche Frauen in 2005 im Durchschnitt 1,75 und Männer 1,59 Kinder.

[27] 2006.

[28] Hochrechnung auf Grundlage des Mikrozensus 2002. Die Umstellung des Mikrozensus auf eine unterjährige Erhebung hat zur Folge, dass die Ergebnisse des Mikrozensus 2005 mit denen der Vorjahre nur eingeschränkt vergleichbar sind. Aus diesem Grund konzentriert sich die Studie auf die wesentlichen Strukturen im Jahr 2002.

[29] ›The survival of the richest‹, Clark S. 112

[30] empirica hat das Simulationsmodell ›Lebensökonomie‹ entwickelt. Die Lebensökonomie einer Familie umfasst sämtliche Entscheidungen über Familienbildung, Ausbildung, Erwerbsbeteiligung, familienpolitische Transfers und Vermögensbildung. Sie zeigt die Entwicklung von Einkommen, Konsum (Kinder/Eltern), Sparen und Steuern/Abgaben sowie die Opportunitätskosten für verschiedene Haushaltstypen im Laufe ihres Lebens.

[31] Die Annahmen für die nachfolgenden Modellrechnungen sind empirisch abgesichert und repräsentieren relevante Fälle.

[32] Indirekte Kinderkosten resultieren aus Einkommensausfall (durch Erwerbsunterbrechung bzw. Absenkung des Erwerbsumfangs) und verminderten Karrierechancen infolge der Reduzierung des Erwerbsumfangs (niedrigere Einkommenszuwächse bzw. Einkommenseinbußen).

155

[33] Alle Größen sind real (1 % Wachstum), ohne Inflation.

[34] Vgl. Hufnagel, R. (2002): Die Kosten von Kindern und die Kosten einer egalitären Partnerschaft. In: Vierteljahrhefter zur Wirtschaftsförderung. 71, Nr. 1, S.118.

[35] Nach n Jahren Erwerbsunterbrechung liegt das Erwerbseinkommen nur noch bei einem Niveau von exp[-0,032*n]. Beispiel: nach 2 Jahren Unterbrechung liegt das Niveau bei 93,8 % statt bei 100 % (vgl. Hufnagel 2002, S. 119).

[36] Unabhängig vom Einkommen wird jeweils nur Kindergeld und kein Kinderfreibetrag berücksichtigt.

[37] Die Kinderkosten betragen (0,1997*ln(K)+0,1666)*y, mit K = Anzahl Kinder und y = verfügbares Einkommen. Damit summieren sich die Kinderkosten auf 16,7 % des verfügbaren Einkommens bei einem und auf 30,5 % bei zwei Kindern (vgl. Hufnagel 2002, S. 122).

[38] Abbildung 7 zeigt das Ergebnis eines um vier Jahre früheren Erwerbsbeginns, der Familiengründung und als Folge auch des Erwerbs von Wohneigentum.

[39] Durchschnittsalter der Studierenden im 1. Hochschulsemester im Studienjahr 2003/04 22,1 Jahre, Durchschnittsalter bei bestandener Prüfung an Hochschulen 2003 30,4 Jahre, Alter bei Beginn der Lehre 19,3 Jahre, noch 1970 16,6 Jahre.

[40] Vgl. http://www.sozialpolitik-aktuell.de/bilder/III/abb/abbIII24d.gif.

[41] Die gesetzliche Neuregelung der Sozialhilfe und der staatlichen Arbeitslosen-unterstützung zu Beginn des Jahres 2005 verhindert eine konforme Weiterführung der Zeitreihe transferabhängiger Kinder. Nunmehr werden erwerbsfähige und nicht erwerbsfähige Personen unterschieden. Während erwerbsfähige Personen (15- bis unter 25-Jährige) Arbeitslosengeld beziehen, steht den nicht erwerbsfähigen Personen Sozialgeld zu (unter 15-Jährige).

[42] Vgl. ›Lebensökonomie als (mögliches) Leitbild einer nachhaltigen Familienpolitik‹, empirica-Studie im Auftrag des Bundesministeriums für Familie, Senioren, Frauen und Jugend (2005).

[43] Familien = Haushalte mit mindestens einem im Haushalt lebenden Kind, ledigen Jugendlichen oder ledigen jungen Erwachsenen.

[44] Aufgrund der z.T. erheblichen Unterschiede in den Wanderungsmotiven von Personen ohne deutsche Staatsangehörigkeit beziehen sich alle Berechnungen nur auf Personen mit deutscher Staatsangehörigkeit.

[45] Hierbei handelt es sich um verschiedene Bauformen wie z.B. Reihenhaus, Doppel-haushälfte bzw. freistehendes Einfamilienhaus.

⁴⁶ Hierbei kann empirica auf die empirica-Preisdatenbank zurückgreifen:
Preisänderungen sind der beste Indikator für eine Angebotsknappheit oder einen
Angebotsüberschuss. Allerdings reicht es nicht aus, lediglich die Entwicklung von
Durchschnittspreisen zu beobachten. Vielmehr muss die gesamte Bandbreite der
Preise und deren Streuung beobachtet werden. Aus diesem Grund hat empirica eine
umfangreiche Preisdatenbank für Wohnungsobjekte entwickelt. In diese Preisdatenbank fließen regelmäßig und deutschlandweit Angebotspreise verschiedener Kauf-
und Mietobjekte aus den Immobilieninseraten von rund 90 Anzeigenquellen ein
(zurzeit knapp 2 Mio. Objekte je Quartal).

⁴⁷ Im Kapitel IV werden im Wesentlichen Ergebnisse der Repräsentativerhebung und
der Fallstudien dargestellt, wobei es sich in den Kapiteln 1 bis 5 ausschließlich um
Ergebnisse der Fallstudien und bei den Kapiteln 6 bis 8 um Ergebnisse der
Repräsentativerhebung unter Hinzunahme der Ergebnisse der Fallstudien zwecks
Interpretation handelt.

⁴⁸ Repräsentativerhebung und Fallstudien.

⁴⁹ Dies ist nur ein Beispiel dafür, dass die Schulen von den Eltern häufig als viel zu
spezialisierte Einrichtungen erlebt werden. Vor dem Hintergrund der Erfahrungen
der Eltern wäre es sinnvoll, wenn an die Schulen angebunden andere Leistungen,
wie z.B. Freizeitangebote, organisiert würden. Die Schule als ›Ein-Produkt-Unter-
nehmen‹ entspricht nicht dem Ideal der Eltern und ihren Anforderungen.

⁵⁰ Ähnliche Ergebnisse liefert auch die Studie ›Kostengünstig und qualitäts-
bewusstes Bauen. Modellvorhaben Neubau‹; Bundesamt für Bauwesen (Hrsg.),
ExWoSt-Informationen 27/4-02/2007.

⁵¹ Bei der Interpretation der Ergebnisse der Repräsentativbefragung fließen Ergebnisse
aus den Fallstudien mit ein.

⁵² Ergebnisse der Fallstudien.

⁵³ Es gibt ein ExWoSt-Modellvorhaben, das diese Zielrichtung verfolgt:
›Innovationen für familien- und altengerechte Stadtquartiere‹, www.stadtquartiere.de.

⁵⁴ Entstanden zuerst in den USA, steht Universal Design für einen Paradigmenwechsel
im Wohnungs- und Städtebau (vom ›Wohnen im Alter‹ zum ›Wohnen für alle‹) sowie
in der Gestaltung von Alltagsgegenständen.

⁵⁵ Vgl. hierzu beispielsweise die Studie ›Jugendliche in öffentlichen Räumen der Stadt‹
der Wüstenrot Stiftung (www.wuestenrot-stiftung.de)

159